運命を拓く×心を磨く

本田宗一郎

THE GREAT PERSON SOICHIRO HONDA

遠越 段 著

SOGO HOREI PUBLISHING CO., LTD

まえがきに代えて～私と本田宗一郎

日本にこれまで登場した経営者の中で、オートバイ・自動車メーカーの本田技研工業（ホンダ）の創業者・初代社長の本田宗一郎は、松下幸之助（松下電器・現パナソニック創業者）と並び、人気が高い人物である。本田にまつわる書籍も数多く出版されている。その理由は、ざっと考えただけでも次のようなものが挙げられる。

第一に本田宗一郎はあまりにも独創的な経営者であった。

私の勝手なイメージではあるが、ホンダといえばオートバイから始まり、今でも世界一のバイクメーカーでもあると思う。しかし、世界的に見れば後発メーカーだった。

それが〝世界一のバイクメーカー〟と人々が認識したのは、イギリスのマン島における世界で最も危険なオートバイレース（マン島ＴＴレース）で優勝し、その話題で世間が揺れたときからであろう。

ホンダがうまく宣伝したということもあるかもしれないが、私は素直に「ホンダはスゴいな、世界一だ」と思った。私の周囲も同じだったことを覚えている。

宣伝の仕掛人は、ホンダ副社長であった藤沢武夫だ。ホンダは創業して間もないころの経営危機を乗り越え、オートバイレースの優勝で世間をあっと言わせるとともに藤沢による販売促進を行い、そして銀行、取引先にも見直されることになったそうだ。

この藤沢武夫なくしてホンダと偉大なる創業社長の本田宗一郎はないのであるが、この点は、後に詳しく述べる。

それにしても、オートバイレースで世界一になることを経営の目標にするなど当時としては普通ではない。この経営者らしからぬところが本田宗一郎の魅力なのだ。

第二に本田の人柄と発する言葉の面白さがある。

とにかく明るく、そして豪快だ。本田の屈託のない笑顔で「世界一だ」と言われると、本当にそうだと思い込んでしまう。

そして本田は、〝町の修理工場のオヤジ〟そのままのようであったという。

実際、社員たちには社長でありながら「オヤジさん」と呼ばれ、本田は本田でスパナやトンカチを人に投げつけるわ、怒鳴るわで恐かったらしい。しかし、愛情あふれる本質がよく見えていたため、怒られるのも嬉しかった社員もいたようだ。

第三に本田はほぼ無学だが、機械のことは誰にも負けずに詳しかった。エンジニアとしての技術とその開発への思いが度を超していたという。この情熱の強さに周囲は惹かれていった。

第四に本田はホンダを世界的なメーカーにした創業社長・経営者であるのに、スパッと退陣し、その後は後継者たちに会社をすべて任せているところだ。

それが会社にとって正しいあり方だとわかっていても、そこまで潔く実行できた人は稀にしかいないと思う。その退陣劇と退陣後の本田の行動については後に触れるが、本当に潔く、清々しささえ感じるほどだ。

第五に本田のもとでは人がよく育ったということだ。本田宗一郎とともに働き、エンジニアとして技術を磨き、本田に一から教えられた人たちが、次々と会社社長や幹部としても育っていった。これもなかなかできることではない。本田の仕事ぶりをよく見て、そして本田に愛されたからであろうと思う。

さて、私自身と本田宗一郎について述べていきたい。

本田が亡くなったとき、私は物を書くような人間ではなかったが、ある編集者が本田宗一郎の本をつくるということで相談を受け、アイデアをいくつか提案させてもらったりした。

その流れで、なぜか私が東京港区の青山にあるホンダ本社の広報部に出かけて行き、本田宗一郎の写真を借りたりした。

このとき広報関係の課長さんが対応してくれたが、はじめはいいかげんにあしらわれていたものの、本の主旨を説明して、「熱い本田宗一郎を形に表したい」と言ったところ、いろいろと親身に教えてくれた。このとき、本田宗一郎やホンダのことをよく知らなかった私に、面白いエピソードをいくつも語ってくれたのだ。

私自身、ホンダという会社やホンダ製品を意識したのは小学生のときだ。そのころすでにホンダ＝本田宗一郎のイメージはあった。

当時のスーパーカブなど50ccのスクーターなどが印象的だった。

ちなみに、スーパーカブではなくカブ号も覚えている。バイクと言いつつ自転車にガソリンエンジンを取り付けたような自転車がバイクに少し進化したようなもので、大人たちが使っていた。

そういえば、私が通っていた田舎の小学校に新しく赴任してきた担任の若い先生が、最初の挨拶のときに当たり前のように次のように言っていた。

「昨日早速、駐在所に挨拶に行って、『無免許でカブ（このときはスーパーカブ）で通いますのでよろしく。ついでに、よく酔っ払っても使いますのでこれもよろしく』と頼んでおきましたよ」

と、今では考えられない話だが、昔のド田舎の小学校に先生が通って来てくださることのほうがはるかに重要で、とにかく、そんなことも地元では許されていた覚えがある（今ではあり得ないが）。


私の祖父は、若いころ猟銃で片目を失っていた。だからバイクの免許など取れなかったようだ。それでも使うのは山に行きときだけだから（車も人もほとんど通らないから）と、無免許のままスーパーカブを使っていた。それも自転車屋さんで買ったらしかった（だいぶ昔の話で、今だから言うが……）。

ということは、子どもの私も盗み乗りしていたことを告白しなければならない。

私は一時、バイクの免許を持っていた。それは高校生当時に高校に通うためであった。その間だけ、免許を持っていた。

にもかかわらず、何十年たった今でも、よく無免許でバイクに乗った夢を見て、冷や汗をかくことがある。

私が高校生のときに乗ったのは、ホンダの「DAX（ダックス）50」である。この〝ダックス〟をホンダが出してくれなければ、通学にバイクを使う気にはなれなかった。何せカブやスーパーカブはダサいし（当時はそう思っていた）、祖父たちの無免許の悪いイメージもあったからだ。

ダックスのおかげで、バスや電車を使わずに通学ができ、時間にして片道一時間半、往復三時間もの節約が可能となった。

この三時間のおかげで、私は何をしたか。それは本を読むことであった。

当時、運動部の練習でクタクタの私は、本だけは一日一冊読もうと目標にかかげた。なかなか大変であったが、今、本好きで物を書く仕事ができているのは、ダックスを生み出してくれたホンダと本田宗一郎のおかげと断言する。

高校生のころは、ホンダの他にヤマハ、スズキ、カワサキなどが次々と大型バイクを出して注目されていた。ナナハン（750cc）に乗っていた友人の何人かは、通学にはダックスがいいと言っていたが。

その後、私が大学を出て社会人になってからは、あまりホンダを意識する機会はなくなっていたが、本田宗一郎人気は相変わらずだったと思う。

私が初めてアメリカに行ったとき、ホンダの自動車である「アコード」を頻繁に目にしたことも覚えている。

後に詳しく述べるが、厳しくなる環境基準（排ガス規制）をクリアし、燃費もいいエンジンを積んだホンダの自動車は、当時のアメリカでかなり人気があったのである。

そうしているうちに、本田宗一郎は亡くなってしまった。

しかし、今、「本田宗一郎」の人物像に迫る企画に取り組ませてもらえることの喜びをかみしめている。

私の高校生活を、いや小学生以来の人生に大きく影響を与えてくれたホンダ製品に感謝しつつ、本田宗一郎を見ていきたいと思う。

遠越段

第一章　宗一郎誕生から青年時代

第二章 ホンダ創業、藤沢武夫との出会い

第三章 自動車へ進出

第四章

引き際の見事さ

ブックデザイン：木村勉
DTP：横内俊彦
校正：矢島規男

第一章

宗一郎誕生から青年時代

great person
SOICHIRO
HONDA

本田宗一郎の誕生とその時代

本田宗一郎は、1906（明治39）年11月17日に静岡県磐田郡光明村（現浜松市天竜区）で鍛冶屋を営む父の本田儀平《ぎへい》と妻のみかの長男として誕生した。日露戦争に日本が勝利した1905年の1年後だ。

このころ、日本の大衆や市民生活に機械技術の重要さや便利さが浸透し始めていた。ただ、さすがにその技術はまだ欧米のレベルには追いついていない。日露戦争の勝利は、国力・技術力に勝る大国ロシアに勝つには勝ったという紙一重の勝利といわれている。日本海でバルチック艦隊をパーフェクトに破った連合艦隊の軍艦は、欧米で造ってもらったものばかり。日本の機械技術や兵器は、たいしたものではなく、兵士たちの士気の高さと猛訓練によって、ロシアからすれすれの勝利をもぎ取ったのだ。

幕末から明治にかけての日本人は、ロシアを含めた欧米列強の進んだ機械文明に追いつこうと必死だった。そして意欲満々の人が次々に出てきた。

本田宗一郎の実家は鍛冶屋といったが、さまざまな機械類があふれる中で宗一郎は育ち、物心ついたときには機械類は友達同然だったようだ。

彼と並び、日本の経営者の中で抜群の人気を誇った松下幸之助（松下電器・現パナソニック創業者）は、宗一郎より12年早い、1894（明治27）年に生まれている。その16年後には電気技師となり、さらにその6年後には電気製品を開発し販売する事業を始めている。

ホンダ（本田技研工業）の先を行き、現在、世界一の新車販売台数を誇る自動車メーカーのトヨタ（トヨタ自動車）を創業した豊田喜一郎は、松下幸之助と同じ年に発明家の父・豊田佐吉《さきち》の長男として、現在静岡県湖西市に生まれ、後に名古屋に移っている。

豊田喜一郎は戦後の混乱期に、一度、社長を退かなくてはならなくなり、父の佐吉が創立した豊田自動織機の社長であった石田退三《たいぞう》を迎えて再建の道を探った。ようやく再建の目途がつき始めて社長に戻ろうとしたとき、脳出血でこの世を去っている。トヨタには、佐吉が創業したもう一つの豊田紡織など母体企業があり、後に日本をリードする自動車会社になっていくが、喜一郎個人としては、せめてあと十年か二十年くらいトヨタの陣頭指揮を執れていれば、松下幸之助や本田宗一郎と並ぶ大経営者として知られ、名を残したであろう。

代わりに、オートバイ・自動車メーカーの経営者として有名になり、人気が出たのが本田宗一郎である。

本田宗一郎と豊田喜一郎とは、生まれも性格もまったく違う様相だ。ただ、機械を当たり前の遊び道具のようなものとして育ったところは共通している。

これといって正しい方法があるわけではないものの、幼いころの育ち方というのはその人の一生を決める重要なことであることはわかるだろう。

宗一郎は家業が鍛冶屋だったから「では、鍛冶屋の子が皆、本田宗一郎のような偉大な創業者・経営者になるのか」というと、もちろんそういうわけではない。

しかし、子どもが機械を相手にして遊んでいるのを止めずに、どこか愛情を持って見守ってくれた親の存在なくして、後の〝本田宗一郎〟はできなかったのではないかと思われる。

豊田喜一郎は、大工から大発明家になった父の佐吉を見ながら、継母の浅子《あさこ》に愛情を持って育てられ、立派な学校教育を受けさせられている。

彼は仙台の二高（現東北大学）、そして東京帝国大学へと進み、機械を学問的にも勉強している。同級生にも後の自動車を専門とした人たちが出ていて、協力もされている。

一方の宗一郎は、学歴はこれといってなく、浜松の高等小学校を卒業してから丁稚《でっち》で東京のアート商会（自動車修理工場）で働いている。このあたりのことは後に書くが、このアート商会で自動車の修理に携わった十代後半の経験が、宗一郎にとって非常に大きいものとなる。

松下幸之助も9歳から丁稚奉公《でっちぼうこう》で火鉢屋や自転車屋に住み込みで働き、しかもその経営者家族に、厳しい中にも愛情を持って育てられている。

宗一郎の働いたアート商会も、そんな世間も何も知らない子どもが仕事のイロハを教え込まれ、スクスクと育っていくことができた環境にあったはずだ。

世間は厳しい。

その厳しい世間のルール、常識を十代のうちに叩き込まれ、仕事の基本とは何かを一から教えられることがなかったら、後に大経営者となる本田宗一郎も松下幸之助もなかっただろう。

豊田喜一郎は、一見するといいとこのお坊ちゃんであった。豊田グループでも、周囲は「御曹司《おんぞうし》」と呼んでいたそうだ。しかし、彼の人生を見ると、人の何倍もの苦難の中で、「何とか日本で自動車産業を育てよう」と頑張っていたように思う。

また、父の佐吉は陰口を言われたり揶揄《やゆ》されながらも、発明家になるためのきっかけを周りから与えられていたようだ。自動織機を発明し事業として広げていく中で、騙されもしているが、協力者も出てきている。

その協力者の一人が、後に大手総合商社のトーメン（現在は豊田通商）創業の中心人物となった児玉一造《いちぞう》だ。また、そのいとこで弟分といわれた石田退三は、紆余曲折しながらも40歳直前で豊田グループに入り、後にトヨタの社長になっている。

石田のことは先に触れたが、敗戦時に混乱したトヨタ自動車が何とか生き残れたのは、この男のおかげといわれている。〝経営の神様〟とも呼ばれた松下幸之助が、ある時期に経営相談を石田にしていたというのは知られた話だ。

石田は、トヨタ自動車の社長になる前の豊田自動織機社長時代、喜一郎のやる自動車事業に反対する急先鋒だったというのも面白いエピソードといえる。

石田のいとこでもあり児玉一造の実弟の利三郎《りさぶろう》は、豊田喜一郎の妹である愛子の婿養子となり、初代トヨタ自動車の社長として経営者としての才能を発揮した。

トヨタ自動車は、こうした愛知県の名古屋、三河地方を中心とした人脈で発展していった。

ちなみに、松下幸之助には、こうした家族関係、地域的な強さはトヨタほどなかったように思う。それが、現社名の「パナソニック」に象徴されている気がする（社名から松下の名が消え、一族もあまり関わらなくなっている）。

後に紹介するが、実は石田退三は本田宗一郎が設立した会社に取締役として関わった時期がある。このとき石田は本田宗一郎を見て「豊田佐吉のようだ」と認め、宗一郎の会社に取締役として参画した。

後にその会社をトヨタグループに売却した宗一郎は、本田技研工業（ホンダ）を設立した翌年にホンダの経営と営業面のすべてを任せることになる盟友の藤沢武夫と出会い、そこから二人でホンダを世界企業にまで育てていく。

本田が藤沢を信頼し、技術開発面以外の会社のすべてを任せたというところと、逆に藤沢が本田を立て、あくまでもホンダの社長として君臨させ、その夢を実現させてやろうと黒子に徹することができたことは本当にものすごいことだと思う（藤沢については第2章から詳しく触れる）。

こうして本田宗一郎は伝説の経営者となっていくが、その生涯を学び、知っていくと、大正から昭和にかけての日本の社会や歴史を勉強していくことにもなるのだ。

日本の文化や日本人気質が宗一郎になければ、世界を驚かせる事業や働きはなかったかもしれない。

逆に日本にとっては、本田宗一郎という人間が、よくぞこの時期に生まれてきてくれたものだと思わざるを得ないのである。

子どものころの夢の大切さ

知り合いに聞いた話だが、やり手のヘッドハンターが言うには、ヘッドハントするときの殺し文句の一つは、「あなたの子どものころからの夢、やりたいことをやってみませんか」というものだそうである。そして、その人が転職後に成功できるかどうかのカギもそこにあるそうだ。だとすると、子どものころに何をしているときが楽しかったか、幸せだったか、喜びだったかを知り、それに関連した仕事に就くことが重要ということになるのであろう。

子どものときがいつなのかは人によって幅があると思うが、記憶によく残っているのは、小学校に上がるくらいからか……。とすると、小学生、そして中学生のころの記憶をたどるべきとなる。期間を長くすると、高校生か大学に入ったころまでか。いわゆる学生時代である。

その人の性格、人格に強い影響を与えるのは、生まれてから小学校に入り、低学年までのころの事とよくいわれる。

どんな親のもとに生まれ、いかに愛情深く育てられたか、その時代にどんな人がまわりにいたか、小学生のときどんな先生や本や情報と出会えたか、短いながらもどんな経験をしたかなどがその人の資質をつくる上で大きなものとなるだろう。

そのようにして出来上がりつつある性格、人格に、「何をしているときが楽しいか」が加わってくると、その人がよく見えてくるはずだ。

松下幸之助は、十代前半に自転車屋で丁稚奉公し、後に電気工事会社に勤め、電気に関係した仕事をしてお客さんを喜ばせることが喜びになっていったという。この若いときの経験は、後に松下の理想的な仕事分野につながっていったものだとわかる。

本田宗一郎の次のエピソードは、彼が後にオートバイ、そして自動車をつくる会社を創業し、「夢を仕事にした男」の代名詞のように言われるに至ったことを匂わせている。

「小学校の二、三年のころ、ある日学校から家に帰ろうと道を急いでいると、私の村に自動車が来たという話を耳にした。私は何もかも忘れてすっ飛んで行った。例のホロつきのやつで、村のせまい道をノロノロ走っていた。子供の私の足でもすぐ追いついて、自動車のうしろにつかまってしばらく走った。初めて見る自動車。それは感激の一語だった。停車すると油がしたたり落ちる。この油のにおいがなんともいえなかった。私は鼻を地面にくっつけ、クンクンと犬よろしくかいだり、手にその油をこってりとまぶして、オイルのにおいを胸い

っぱい吸いこんだ。そして僕もいつかは自動車を作ってみたいな、と子供心にもあこがれた」

（『私の履歴書』日本経済新聞）

ここに引用した日本経済新聞の『私の履歴書』は、政治や経済、文化、スポーツなどの領域で大きな業績を残した人物が自らの半生を語るという人気の名物連載コラムだ。本田宗一郎の『私の履歴書』は彼が55歳の時に掲載が始まっている。この年齢のときに本田は自らの半生や子ども時代を振り返って語っているのだ。

もう一つ語られたエピソードも宗一郎が小学二年生のときのものだ。

それは、自宅から約20キロほど離れたところの歩兵連隊に飛行機が飛んで来るというので自転車をこいで見に行ったというものである。片道20キロは小学生ではかなり遠い。それでも宗一郎少年は胸をときめかせて見に行っているのだ。

飛行機はナイルス・スミス号というもので、飛行士はハンチング帽を後ろ向きにかぶり、飛行眼鏡をかけていたという。

家に帰ったら当然親は心配していて、怒られた。ところが、宗一郎少年が見た飛行機の話を聞いているうちに、父親のほうは感激してしまったらしい。そして、宗一郎は父の鳥打ち帽をもらい受け、ボール紙で飛行眼鏡らしきものを作り、竹製のプロペラを自転車の前に取り付けて乗り回したという。

この帽子と飛行眼鏡姿の写真が日経新聞の『私の履歴書』欄に掲載されていた。宗一郎は、本当に幸せいっぱいの顔をしている。好きなことに邁進し、愛情をもって親に育てられていたことがよくわかる写真である。

ここで自分のことを思い出してみたい。

読者の皆さんも、自分の小学生時代のことを書き出してみるといい。すぐには思い出せないかもしれないが、書いているうちに少しずつ思い出してくるものだ。

次は、中学生、高校生くらいにまでだんだんと広げていく。すると本当の自分の姿、隠れていた意外な本音の部分が見えてきたりする。

以前、社会人向けの作文教室をやったことがあるが、過去を思い出して書いてもらっているうちに、自分の本当にやりたいことはこれだったと言って仕事を変えた三十代も終わりの人がいた。


さて私だが、機械類、物作りはまったくだめであった。自分の家には、工具好きの父が集めた手入れの行き届いた工具、機械が山ほどあったにもかかわらず、全然興味がわかなかった。

小学生のころ、プラモデル作り、ゴム動力のおもちゃの飛行機作りが流行していたが、材料を買ってもらっても一度もうまく出来上がったことはない。かなり不器用な子どもだった。

高校生のころにオートバイが流行し、ホンダやヤマハ、スズキのナナハン（750cc）はスゴいぞなどと友人たちは騒いていたが、私はまったく興味がなかった。その後も自動車免許すら取っていない。ただ、親戚の人や近所のお兄さんが貸してくれる本だけは面白くて読みふけっていたことは覚えている。

大人になって社会に出て、仕事をしているうちに三十代になって本の仕事を手伝うようになった。そのうちに「本づくりがこんなにも楽しいものか」ということを知り、人生の後半はもっぱらそれに打ち込んでいる。ヘッドハンターの話のようにもっと早く自分は何をやっているときが楽しかったのかを知るべきだったかとも思う。

この点、本田宗一郎は何のブレもなく、小さいときからの自分の夢を追っているのだ。皆が憧れる大経営者となれたのも、そこに大きな理由がある気がする。

宗一郎の十代後半

本田宗一郎はとにかく機械好きで、自動車修理工場で働きたいという希望から浜松の高等小学校を卒業（現在の中学2年生相当）してすぐに東京のアート商会に入社した。１９２２（大正11）年であるから、当時16歳である。入社といっても丁稚奉公のようなもので、最初は主人（榊原郁三《さかきばらいくぞう》）の家の掃除や子守などが仕事だったという。

入社した翌年の１９２３（大正12）年９月１日に関東大震災が発生する。

アート商会は東京・湯島にあったが、修理のために預かっていた車に被害（火事が広がっていた）が及ぶといけないということで、運転できる者はそれらの車に乗って安全なところへ車を移動することになった。

　このとき、宗一郎も車を運転することができて、とても喜んだという。大災害であり大不幸が起きている中でも、夢にまで見た自動車を運転できたことのほうが何倍もうれしかったようだ。

　その後、アート商会は湯島から数キロ離れた神田近くに引っ越しているが、宗一郎は暇さえあればオートバイに乗って焼け野原の街を走ったという。走っているとき、移動に困っている人を見てはサイドカーに乗せて運び、喜ばれていたらしい。オートバイはハーレー・ダビッドソンと思われる。当時の日本人からすると、ハーレー・ダビッドソンに乗る人はいかにもかっこよく見えただろう。

　後に、宗一郎は、世界中の人々をあっと言わせるようなオートバイや自動車をつくり出していく。十代半ばのそのころの幸せな気持ち、その喜びを追求してやまない人生を送っていくこととなる。後年、彼はこうも言っている。

「愛社精神で働けなんていうのはウソだ。自分のためにやっていることが、人の喜びにつながることが一番大切なんだ」

これは本音であろう。

そして、戦後に設立した本田技研工業（ホンダ）のモットーといわれる〝三つの喜び〟について、宗一郎は次のように述べている。

「私はわが社のモットーとして三つの喜びを掲げている。第一が作って（メーカー）喜び、第二に売って（代理店）喜び、第三が買って（お客様）喜ぶである。この三つの喜びが有機的に結合してこそ、生産意欲の高揚と技術の向上が保証され、経営の発展が期待される」

これは、宗一郎がホンダを創業したときからの思いだ。十代のころからの夢と喜びを追い求めた男の正直な経営観だろう。

しかし、正しい経営観という視点から見ると、顧客重視を唱えるべきかもしれない。ホンダの副社長となる藤沢武夫は、宗一郎をフォローしてこう解説する。

「**ホンダは三つの喜びをモットーに掲げているが、順序を変えなければ企業は失敗する。企業は〝お客さまの喜び〟を第一にしなければならない。その喜びがあって初めて〝売る喜び〟がある。その二つの喜びの報酬として〝作る喜び〟になるのが順序である**」

この藤沢の見方は正しいのではないか。

藤沢のような人物が会社全体の経営を見て、マーケティング（販売）も指揮したことで、ホンダはうまくいったといわれる。

藤沢は、社長である本田の夢と希望を実現させていくことを大前提にしていたというから、創業社長の相棒としては稀有な人物ではないかと思う。普通、藤沢ほどの力量があれば、社長たる本田と張り合ったりするものだが、彼は決してそんなことをしなかった。宗一郎の夢と喜びがホンダという会社の魂の根源であるとわかり、自分もそれに徹して現実的な経営面でその夢と喜びを実現していくことに専念したのだ。

宗一郎が後年、「(藤沢と) 二人合わせての真の経営者」と言うのも、二人の関係をよく表現している。

そんな藤沢との出会いと、二人が共に歩むことで、十代からの宗一郎の夢と希望を追い求めるホンダという企業が、世界的な大企業となっていったのである。

自らの道を歩み始める

宗一郎はアート商会に6年ほど奉公した1928（昭和3）年の22歳のときに、主人の榊原郁三からいわゆる〝のれん分け〟をしてもらい、生まれ故郷そばの浜松にアート商会の支店（アート商会浜松支店）として、自分の会社となる自動車修理工場を出した。

それまでの6年の間、宗一郎はアート商会で自動車を始めとする機械全般について精一杯に取り組み、機械技術者として絶対の自信を持つことができた。

ちなみに、アート商会の主人である榊原郁三は大変よくできた人物だそうで、技術的指導も素晴らしく、宗一郎は終生尊敬していた。また、榊原はスピード狂というか自動車レースが好きで、宗一郎は榊原のレース用の自動車づくりからレース出場まで手伝っていた。

十代後半に自分の天職と出合い（宗一郎が自ら求めたものだが）、尊敬すべき指導者に鍛えられたことは、彼にとって本当に大きな財産となったのである。

故郷近くの浜松に戻り、アート商会浜松支店を始めてから数年後に東海精機という会社を設立するころの宗一郎は修理工として評判を呼び、「あそこ（アート商会浜松支店）に故障車を持っていけば何でもすぐに直してくれる」と噂が東海一帯に広まっていたという。また、「機械」となれば趣味も兼ねて何でも作り、モーターボートやレース用の自動車まで（改造だと思うが）つくるなど、地元で「浜松のエジソン」とまで言われていた。自らも自動車レースに参加して（第1回全国自動車競走大会）、優勝を目前にして車が接触、転倒して病院に担ぎ込まれるなどもしている。

後にホンダはオートバイレースで世界を制し、自動車でF1に参戦して、世界で注目される訳だが、このような世界最高峰のレースに参加することで技術を磨いていき（社員の士気向上と会社、商品の宣伝を兼ねる）、事業を伸ばしていくというやり方は、宗一郎の青年時代の延長のようなものとも思われる。

今では、外国の車やオートバイの改造をする人などなく、法律的にも許されていない（公道を走る車両を規定する道路運送車両法には、保安基準に適合しない改造そのものが違法であるとしている）。しかし、東南アジアにいけばフィリピンのジープニーやタイのトゥクトゥクなど、昔の日本車を改造したものやその派生形の車がたくさん利用されている。

あるとき、私が仕事をしていたフィリピンで使っていた日本車（社用車）が古くなり故障がちになったので廃車にしようと思ったら、ある現地社員がそれを30万円で売ってくれと言ってきた。どうするんだと聞くと、改造して使うとのこと。30万円より安く売ってあげたが、後にピカピカに光ったジープのようなかっこいい車体の車を見せてくれた。これがあのポンコツ車かと思うと、びっくりして信じられなかった訳だが、改造する技術と車自体を生産する技術は全然違うものなのだと思いもした。

先日、豊田喜一郎の伝記を調べてみて思ったのは、自動車製造というのはこんなにもお金がかかり、たくさんの（それこそ万を越すほどの）技術が必要なのだなということだった。日本の自動車産業が成長するのは大変だったということがよくわかった。

浜松に戻ってから数年後に宗一郎は、順調に業績を上げていたアート商会浜松支店の仕事をやめて、自分で別の会社（東海精機）を創業する。

これは、表向きには「自動車修理工場は儲かるから」ということで自ら手を広げたようにしているが、本当の理由は、自分で何かをつくり出して販売までやりたかったからであろうと思われる。いずれは自動車を一からつくって売りたいというのは、宗一郎の若い時代を知ればわかってくるというものだ。

東海精機株式会社を創業した宗一郎は、当時巷《ちまた》の技術者たちがあまり手を出していなかったエンジン部品の一つ、ピストンリングの製造を始めた。ところが、そのピストンリングがうまくできない。そこで浜松高等工業学校（浜松高工・現静岡大学工学部）の教授を訪ねると「シリコンが足りないのだ」ということを教えられた。

ピストンリングの製造は実は難しいそうなのだが、それも含めて機械についての基礎学問の必要性を感じた宗一郎は、浜松高工に聴講生として通うことにする。ところが、自分の知りたいことだけを学んだと思うと試験などを受けずにいたようで、結局退学させられてしまう。

こういったところは、松下幸之助に似ていると思われる。二人とも学校の勉強はあまり向いていない、必要なことは人によく聞いて学んでいくというスタイルなのだ。

違いは、松下は関西商工学校を自主退学したが、本田は退学させられているというところくらいか。

後に大経営者になる二人のことを考えると、学校の存在とは何かを考えさせられる。中には、だから学歴なんかどうでもいいなどと、学校の存在を否定してしまう極論を主張する人もいる。

しかし、松下電器やホンダには学校で学んで基礎学力のある人たちが質の高い労働を提供し松下や本田を助けたから、今のような世界的な大企業にまでなれた側面もあるといえるのだ。

とすると、学歴は絶対ではないが、学校の存在意義も大きいと思える。

トヨタとの関係

東海精機は、ピストンリングをトヨタに納品していた。トヨタの下請けのようなものである。戦時中にはトヨタの資本が40％入っていた。そのとき、トヨタから取締役として東海精機に入っていたのが、石田退三である。

石田は戦後、豊田喜一郎が去ったトヨタ自動車を再建していった社長として、後に〝トヨタの中興の祖〟と呼ばれるようになる。このころ（石田が社長に就任するころ）のトヨタは累積赤字に苦しむ危機的な状況で、そんなときに勃発したのが、お隣の国で起きた朝鮮戦争だった。

そして日本に朝鮮特需の波が押し寄せる。

この機に石田は、アメリカ軍の軍用トラックの受注をなんとかとりつけ、さらに追加注文もとっていった。石田の受注は莫大な利益をあっという間に生み、なんと1年で純利益を確保しトヨタ自動車は大復活する。

このとき副社長として名コンビを組んだのは、豊田喜一郎のいとこで愛弟子《まなでし》の豊田英二である。豊田英二は後にトヨタ自動車の5代目社長として、トヨタを世界的な会社へと発展させていく。

この石田退三は〝経営の神様〟こと松下幸之助の相談を受けていたという人物でもあり、東海精機に来て宗一郎を知る中で、宗一郎の人となりにかなり高い評価をしていたらしい。宗一郎という人間は独立独歩の会社経営者として成長していくべき人だと石田は思ったようだ。後に東海精機がピンチに陥ると、その資本をトヨタがすべて買い上げ、宗一郎の自由な動きを促すような状況をつくっていくことになる。

ホンダの発展（ホンダの前身ではあるが）には、少なからずトヨタが絡んでいたことを述べたが、オートバイでホンダのライバルであるヤマハやスズキも、古い時代からホンダやトヨタとお互いにどこかで関係していた。

例えば、ヤマハは戦時中に飛行機用のプロペラをつくっていたが、その削り機を東海精機で宗一郎がつくり出していたという。スズキは戦後の経営難のときに石田退三（トヨタ）によってスズキに対する資金援助がなされていたりする。

その昔、戦国時代に尾張、三河、浜松あたりの織田信長、豊臣秀吉、徳川家康といった戦国大名が、協力しつつ時には張り合いつつ天下を支配していくようになるが、ほぼ同じ地域のトヨタ、ホンダ、ヤマハ、スズキなど現代の自動車やオートバイ業界でも、同じようなことが起きているのは興味深い。お互いに切磋琢磨し合いながら、取引したり戦ったりすることで、日本のみならず世界的規模で大きく成長していっているのだ。

いずれにしても、本田宗一郎は、他人の指図で会社経営を行うなど、決して考えられない男だった。

後に、自動車産業の世界は、莫大な資金と販売力がないと世界で戦うことが難しくなり、世界的な自動車会社の合従連衡という流れになっていく。

その中にあってホンダは、創業者・本田宗一郎の魂あっての会社であるとして、決してブレることなく、わが道を行く方針を貫いていく。

第二章

ホンダ創業、藤沢武夫との出会い

great person
SOICHIRO
HONDA

自転車にエンジンを付けるアイデア

終戦（玉音放送の日）の半年ほど前、1945（昭和20）年の1月に三河湾を震源とする三河地震が発生した。マグニチュード6・8の直下型地震で、東海精機の浜松工場がこの地震により倒壊してしまった。

このとき本田は、出資先である石田退三のトヨタグループに東海精機を売却し（トヨタ側が東海精機の全株を買ってくれた）、同社を退職する。そしてなんと「人間休業」と称して、1年ほど完全に休養してしまうのだった。

東海精機を売り渡したお金があるとはいえ、次に何をやろうかと考えていたとは思うが、しばらく（1年も……）遊んで暮らすというのは本田らしいかもしれない。

得意のモノづくりで試行錯誤していたはずだが、彼は発明家というよりも、機械やエンジンを改良しつつ便利な、あるいは面白くてかっこいいものをつくり、売り、広めていく産業人という色合いの強い人間にみえる。ただ、売り広めていくという販売や経理のことなど会社経営の側面には（もう一つ、人事面に関しても）あまり才能というか興味はないらしい。

この「人間休業」中は、本田の妻のさちによると「仙人のようだった」と、傍目にも本当に何もせず過ごしていたようだった……。

1年に及ぶ「人間休業」後、本田は実弟とともに「本田技術研究所」を浜松に設立し、動き始める。きっかけは、友人宅にあった旧陸軍が使っていた無線機用の小型エンジンが目に留まったこと。「これを自転車に取り付けられれば便利な乗り物になるのでは」と思ったのか、小型エンジンを買い集めて試行錯誤し、本当に自転車に取り付けて走らせることに成功する。

これが通称「バタバタ」(エンジン音がバタバタバタバタと鳴る)と呼ばれた自転車用エンジンだ。買い集めた小型エンジンを改良し、注文が入れば自転車に取り付けて売っていく。これが飛ぶように売れていった。

戦後すぐの交通手段がほとんどなく、ガソリンが満足に手に入らないときでもあり、車よりも燃費がよく、バタバタは評判になっていく。次第に全国から買い手が殺到するほどの人気となった。

本田は、このときの成功体験が体にしみ込んでいったようだ。そして、十数年ほど前のことをきっと思い出したであろう。十代のときに自動車の修理でお客を喜ばせ、そして稼いでいったころのことだ。

これは松下幸之助が、十代前半に自転車屋で丁稚として働き、その後に電気工事会社で働きながら電気技師として活躍し、そして独立して自転車用ランプをつくり出して大ヒットさせていく姿に似ている。自らの得意分野で商品をつくり出し続ける頭脳、性格、体質が自然に出来上がっていったのである。

二人に共通するのは、それを学校ではなく、十代半ばから実社会での仕事を続ける中で身につけていったことである。

二十代前半まで勉強をただ学校の机の上で続けた人にはない本当の強さがそこにあるように思える。

本田は、バタバタの成功体験と無線機用小型エンジンの品薄の状況から、エンジン自体を自分たちで作ることを決意する。それから約1年でオリジナルエンジンの開発に成功。そのエンジンを1947（昭和22）年に「ホンダ」のロゴを入れた「A型自転車用補助エンジン」として自転車に取り付けて売り出し、ヒットさせていく。これで「ホンダ」という名前が全国に知れ渡っていった。

ただ、このころは商品の流通経路などが整っておらず、経済的にも世の中は混乱していて、売った物の代金回収など、会社の経理や経営面で手間取ることが頻発していた。商品開発や製作に注力したい本田は、A型が売れるほど苦手でもあった経営面に苦労していく。

そこに〝福の神〟が現れ、のちに盟友となる藤沢武夫と本田は出会うことになる。

藤沢武夫との出会い

福の神とは、竹島弘という男のことだ。この男が本田と藤沢武夫を引き合わせた。彼が二人を会わせなければ、後のホンダはまったく違う会社になっていただろう。

さて、この竹島は、本田と藤沢を引き合わせた当時は通産省（現経産省）の役人をしていた。彼は役人になる以前に、浜松高工の非常勤講師を務めていた。本田は同校に聴講生として通っていたと前述したが、そのときに竹島と知り合っている。ちなみに竹島は、通産省退職後に偶然にもホンダの関係している商品と関係のある仕事に携わっている。

後年の本田は学校や学歴などどうでもいい（興味がなかったようだ）と言っていたそうだが、浜松高工に通ったことで運命のパートナーを引き合わせてくれる人物と出会えた訳だ。本人がまったく意図していないところに後の運命の種が撒かれていた恰好といえる。これを考えると、一概に学校や学歴なんていらないとあまり言えないのではないかと思える。

もっとも、当時から「浜松のエジソン」と言われるほど天才技術者として一目置かれる存在だった本田の人間的魅力の大きさが、竹島に本田宗一郎という人物を印象付かせていたことは大きいといえる。

通産省の役人をしていた竹島は、戦時中に仕事の付き合いがあった藤沢武夫と偶然に街中で出会った。久しぶりに藤沢と話し、藤沢から仕事の相談を受けているうちに、ふと「浜松のエジソン」こと本田のことを思い出し、二人を会わせようとひらめく。

後日、竹島は自宅に本田と藤沢を招き、二人を引き合わせた。

竹島が二人を知っていたことは何か運命的なものすら感じてしまう。

ところで、藤沢には、自分にはお金がなくてもいろいろな手段、ありとあらゆるてを使ってお金を集めてくる才能があったようだ。そして、前から才能ある人と組んで大きな仕事をしたいと言っていたことを竹島は知っていた。そこで、竹島は藤沢に会ったときに何かピンとひらめき、藤沢に「浜松のエジソンこと本田という男と組んでみないか」と持ちかけたという。藤沢は、すでに浜松の天才技術者の噂を知っていて、彼に会ってみたいとこの話に乗った。

藤沢は、「本田宗一郎という男の夢を実現してやろうじゃないか」と、後にホンダのナンバー2となる。藤沢自身が、自分が組織の顔となることよりも、華のある人、才能のある人と組み、その人の考えることを輝かせていくことに力を発揮する能力があり、性格としてそれが向いていることをよく理解していたそうだ。

さらに、本田が苦手とする、お金集め、マーケティング、人事などは藤沢の得意とするところだった。そんな経営の実質面を藤沢にすべて任せ、余計な口出しはしないということも、出会ってすぐに二人で語り合ったそうだ。創業社長でありながらそんな本田の度量の大きさがまた、このコンビを素晴らしいものにしていったのである。

二人が出会ったとき、本田が42歳、藤沢が38歳で、もう若くはないが、お互いの夢を語り合い一瞬にして意気投合した。

コンビの妙とでもいうのか、二人は性格も才能もまったく違っていると後に周囲の人は言っている。見事というくらいに違い、そのために二人で一人前の経営者、それも世界的な経営者となっていくことになる。この二人が組まなくては、後の世界のホンダはあり得なかっただろう。

世界中でこの人しかいないという人にめぐり合えるということは、それこそ運命の出会いである。二人の出会いを見ていると、やはり、自分の夢を語るのと同時に、自分に足りない能力を補完し合える人を自分は求めているということを表明していなければ出会えないと感じてしまう。人と人を結びつけるのは、他の人なのだ。

人づき合いのもたらす奇跡的な力とその難しさは、よく知っておかなければならないだろう。

二人で一人の経営者

本田宗一郎と藤沢武夫の二人とよく比較されるのが、ソニーの創業者である井深《いぶか》大《まさる》と盛田昭夫だ。

井深と盛田の二人は、戦時中の1943（昭和18）年に戦時技術研究の技術者交流で出会う。このとき盛田は、井深の技術者としての高い能力と人柄に惹かれたという。当時の盛田は、航空レーダーの開発に従事する海軍の職業軍人であったが、ひと回り年上の井深はすでに会社を経営していた。

戦後、井深が個人企業の東京通信研究所を始めたことが新聞に掲載され、それを見た盛田は、名古屋から上京して井深の手伝いを始める。ほどなく、東京通信研究所を「東京通信工業株式会社」（ソニーの前身）として、井深の義父である前田多門（元文部大臣）を初代社長に据え、井深が専務（技術担当、4年後に社長）、盛田が取締役（営業担当）となり、20人ほどの従業員で創業する。

盛田自身も技術には詳しかったが、それよりも彼は販売、マーケティング、リーダーとして人を引っぱる力に長けていたという。それもあってか盛田は、新技術・新商品開発に集中する井深を支え補完するような働きをしていた。盛田の実家が古くからの造り酒屋ということもあり、その実家を頼り、資金的にも会社や井深を助けている。そんな井深と盛田の二人三脚で会社は発展していき、後にソニーは世界的な企業となっていった。

後年、井深がソニーから身を引くと、盛田がオーナーとしてソニーを支配していくようになる。盛田がソニーから去った後は、井深や盛田の創業思想とは違うような経営陣となる。だからかもしれないが、時が経つにつれ、創業思想というか昔あったソニーらしさは薄れていっているように思える。

ホンダは、本田宗一郎と藤沢武夫が二人で一人の経営者的存在であり、しかも本田宗一郎の魂を守るという藤沢の経営哲学が、後の経営陣にもしっかりと受け継がれているようだ。この点は、創業者が去った後のホンダとソニーの違いとして垣間見える気がしている。

本田が、社名に「本田」という個人名を付けたことを悔いたという話がある。私は後々のためには、かえってよかったのではないかと思える。というのは、本田宗一郎の思想、魂あってのホンダであり、その後の発展にも大いに関係していると思えるからだ。本田宗一郎個人というよりも、本田がホンダに注ぎ込んだ思想と魂が大切なのだ。

もし、ソニーが井深大の思想と魂を残し続ける会社であれば、井深や盛田が去った後に世に出されたソニーの製品や販売数等の推移の仕方は随分と変わっていたように思う。

これは松下電器、現在のパナソニックにも言えるのではないか。パナソニックと社名を変えたことで、松下幸之助の思想と魂が少しずつ遠くなっていかないかと一ファンとして心配しているのである。

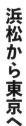

浜松から東京へ

本田と藤沢が出会ったころに、ホンダの自社開発第一号のオートバイであるホンダドリーム号が完成し、生産を開始する。（ドリームシリーズ第一弾のDモデル）。それから2カ月ほどして藤沢がホンダに入社するが、藤沢はこのホンダドリームDを見て、「売りたい」と思ったという。さらに本田の本気度と夢を追いかける姿（ドリームと命名されているところも含め）に奮い立ち、すぐにホンダの東京進出を画策する。東京営業所の開設と東京に工場までも建てようと考えたのだ。

ドリームDの販売は初め月産160台とよかったもののすぐに失速してしまう。そんななか藤沢はあちこちからお金を借り、東京営業所に続き、1950（昭和25）年に東京工場を東京都北区の上十条に造った。本田は浜松から東京に出てきて、後に本田2代目社長となる河島喜好らと四サイクル・OHV（オーバーヘッドバルブ）エンジンを開発する。

翌1951（昭和26）年には、そのOHVを採用した排気量146ccのオートバイ「ドリームE型」が完成。秋に発売されると評判を呼び、販売・生産台数が毎月伸びるヒット作となった。その後ドリームEは、175cc、200ccと排気量を増やし、1954（昭和29）年時点で年間3万2000台の生産台数まで伸びていく大ヒット商品となった。

私も昔を思い出したのだが、ホンダのドリーム250ccを買って自慢していた近所のお兄さんたちのことをすごいものだと思っていた。それが、自分が高校生のころに750ccの〝ナナハン〟という大きなオートバイが出てきていたのは、さらに驚いたものだった。

藤沢は、最初から本田を信じ切っていた。社長のつくるオートバイは他社を圧倒し、すべての面で一番優れている、と。そしてこのことは、お客様も必ずわかってくれると信じていた。

藤沢はホンダに入社し、日を追うごとにその確信を深め、そして次々と販売策を考え出していった。

藤沢の手紙作戦

「はじめに」で書いたが、私は高校生のときに、ホンダのダックスを買って通学に使っていた。それをどこで買ったかというと。近所の自転車屋である。中学生になったときもその同じ店で自転車を買って通学していた。高校生になると近所の先輩や、わが家の祖父（無免許だったが）も、その店でホンダのバイクやカブを買っていた。今考えてみると、なぜ自転車屋なのかと不思議に思う。

これは、藤沢のアイデアから生まれたものだった。

ドリームEは発売後人気だったものの、高価な乗り物であった。また、このころ他メーカーからもオートバイが続々と発売され出し、販売競争も起きつつあった。そこで、あの「A型」を彷彿とさせる自転車補助エンジンを再び開発して販売することを思いつく。これなら安価で庶民に支持されると思ったからだ。それが1952年（昭和27）年に発売された「カブ号F型（通称カブ）」だ。

これでホンダは他メーカーとの競争から一歩抜け出せると藤沢は確信したものの、カブの販路に悩み（爆発的に売れる販路を模索していた）、そこで考え出したのが次の作戦である。

まず、全国の約5万5000軒の自転車屋に手紙を出した。すると3万軒から反応があったため、次の手紙を出した。

「まず、一軒につき1台を送ります。卸値は1万1000円ですが、これを2万5000円で売ってください。ただし、代金は事前に郵送、もしくは指定銀行に振り込んでください」と。

そして藤沢は、当時の三菱銀行に頼んで京橋支店長名で次のような手紙を出してもらった。

「ホンダは私どもの取引先企業で、非常に立派な会社です。ホンダあての送金は、私どもも三菱銀行京橋支店に振り込んでください」

今でも少しはそうかもしれないが、当時は今以上に最も信用されたのは銀行であり、郵便局であった。そこをうまく活用しての藤沢の策は、まさに軍師たるものである。

本田は、正直で、開けっぴろげで、夢を語り、人を惹きつける。しかし策をうまく弄するようなことは得意ではない。

一方の藤沢は、理知的、合理的であり、考え抜いてから動くような人である。つまり、陽の本田に対して陰の藤沢である。

まさに大将・本田宗一郎が頼りにする軍師であった。

ただ、この素晴らしい軍師が大いに活躍できるのも大将の力量があるからである。

そもそもの大将に度量があり、才能があっての軍師である。

本田は言う。

「人には誰しも、得意なものと不得意なものがある。それでこそ個性が生まれ、得意分野で活躍し、不得意分野を補い合って生きていくという世の中の仕組みが成り立つのだ。職場においても、この仕組みを十分活用すべきである」

人は役割分担である。

このことは昔からの真理の一つであるが、わかっていても実行できない人のほうが多い。特に社長はすぐに有頂天になる人が多い。ちょっとした成功は、すべて自分の力のおかげと考え、自分を過信してしまうのである。他の人、部下、お客までもが自分にひれ伏す対象のように思えてしまってくる。だから、大きく成長しなくなる。日本の有名企業の中でも、錯覚しているトップは多い。

また、自分の会社内での争いに勝っただけのサラリーマン社長なのに、それですべてが認められたと思い込んでしまう人がいる。彼らはもう60歳にもなっているのにと思うと、おかしくて仕方ない。

その点、本田は立派であった。後に見るように、引き際も見事であった。才能豊かで素晴らしい情熱を持ち続ける人にして、他人を信じ、愛せるという性質を持つ人というのは、人も世の中も放っておかない。必ず成功する。これも藤沢がよく見抜いたようにである。

先の藤沢の手紙作戦はうまくいき、送金してきた自転車屋は1万3000軒になった。1952（昭和27）年には、カブだけで月産6千500台の生産体制を確立した。ホンダは、翌1953（昭和28）年には、月商4億円の企業になる。そして、東京駅前の八重洲に本社社屋を建て、浜松から本社を移して、さらなる飛躍を目指したのである。

世界一危険なマン島TTレースに出場宣言

カブのヒットで、ホンダは順調のごとくに見えた。

しかし、藤沢はこのままあぐらをかいて何もしないでいると、ただの一発屋の中小企業で終わりかねないとの危惧を抱いた。そこで、設備を大きくすることにした。

まず、本田にアメリカに行っていい工作機械を仕入れてくるように提案した。1952(昭和27)年の秋のことだ。まだまだよい工作機械は、アメリカに頼るしかなかったのである。

藤沢は藤沢で、名古屋、高松、大阪、福岡と支店を出し、埼玉に新工場をつくり、浜松でも工場建設を始めた。カブ、オートバイのドリームシリーズの生産をそれまでの東京工場から新工場に移していき、東京工場を社員研修センターにした。

1954（昭和29）年には、株式を店頭公開した。前年にはオートバイのベンリィ号に続き、スクーターのジュノオ号を発売した。

本田の有名なミカン箱の上の訓示はこのころの話である。

「**世界一のオートバイメーカーになる！**」

というものである。

しかし、現実はそう簡単ではなかった。社運を賭けた投資だったが、このとき日本経済自体の景気がよくなかったのである。

頼みのカブの売上は次第に落ち、ドリームEも200ccから220ccにした新商品はクレームが相次ぎ、ベンリィも評判が悪く、スクーターのジュノオも失敗作と言われ、すべてがうまくいかなかった。

資金繰りに困り、ホンダは倒産するのではないかとの信用不安説も出始めたのである。

ここで藤沢は、起死回生の策を考え出した。

イギリスのマン島で開かれている世界最高峰であり世界一危険なオートバイレース「マン島ＴＴ（ツーリスト・トロフィー）レース」に参加しようというのである。というのも、もともと藤沢と本田が出会ったころに、本田はよく言っていたのである。

「レースに出て世界一になりたい！」

藤沢はこれを思い出して、これは社員の士気向上と世間への宣伝、信頼につながると考えたのである。

確かに私もホンダは世界一のオートバイメーカーであると子どものころによく聞い

た。なぜなら、マン島ＴＴレースで世界一になったからというものだった。
高校生のころになると、別にホンダのバイクが世界一であるという訳ではなく、ヤマハやカワサキなども素晴らしいと、バイク狂の友人たちが言っているのを聞いて、「そういうものか」とは思ったものの、販売台数、宣伝のうまさで世間では一般的にホンダは世界一と定着していた。

藤沢は、もともとレース好きでスピード狂である本田を祭り上げ、いわゆるホンダ教の教祖にしてしまえばうまくいくと考えたようだ。本田には十分にその魅力があり、素質もあった。
藤沢が書いたマン島ＴＴレースへの出場宣言は次のようなものである。一部紹介する。

――

「わたしの幼き頃よりの夢は、自分で製作した自動車で全世界の自動車競争の覇者となることであった。然《しか》し全世界の覇者となる前には、まず企業の安定、精密なる設備、優秀なる設計を要することは勿論《もちろん》で、此《こ》の点を主眼として専ら優秀な実用車を国内の需要者に提供することに努めて来たため、オートバイレースには全然力を注ぐ暇もなく今日に及んでいる。

（中略）

絶対の自信を持てる生産態勢も完備したいま、まさに好機到る！

（中略）

日本の機械工業の真価を問い、此れを全世界に誇示するまでにしなければならない。吾《わ》が本田技研の使命は日本産業の啓蒙にある。

ここに私の決意を披瀝《ひれき》し、ＴＴレースに出場、優勝するために、精魂を傾けて創意工夫に努力することを諸君と共に誓う。

本田技研工業株式会社社長　本田宗一郎」

経営危機、倒産危機どころか、絶対の自信ができたから、日本産業界のためにも、レースに出るという、はったりである。本田自身も、それはうすうす感づいていたのであろうが、持ち前の夢に賭ける男、情熱の魂の塊は、本当に右の宣伝文を信じて行動した。

本田自身は、マン島TTレース参加を次のように回想している。

「これは二つの意味があった。一つはこのTTレースに参加して優秀な成績を得ないかぎり、世界のオートバイ市場をイタリア、ドイツなどから奪い取ることは不可能であり、先に私が目標を決めたような技術のレベル・アップによる輸入防止の念願達成はできないということ。もう一つは、少しセンチメンタルかもしれないが、敗戦直後の日本人の心にほのぼのした希望を与えてくれた古橋広之進選手の水泳における大活躍を思い出したのである」

（『私の履歴書』日本経済新聞）

世界一のオートバイメーカーへ

ホンダがマン島TTレースに出場したのは、出場宣言から5年後の1959（昭和34）年であった。宣言文には翌年に出場と言っていたものの、このときは会社の状態もオートバイの出来もとてもではないが出場できるような状態ではなかった。

そんな中、レース出場を夢見て全社一丸となり、宣言から5年後、ついにマン島TTレースに初出場する。が、125ccクラスでやっと6位という成績に終わった。エンジンの馬力では優勝者の半分もないような出来だったのだ。

しかし、ここからのホンダが凄まじかった。本田以下、技術陣のそれこそ不眠不休の血のにじむような努力があり、2年後の1961（昭和36）年（初出場から3シーズン目）には、125ccクラスと250ccクラスで1位から5位までを独占し、世界をあっと言わせたのだ。

世界一を本当に奪取したのである。

本田と藤沢の賭けは見事に成功した。

話は少し戻るが、1958（昭和33）年に、藤沢のアイデアによる「スーパーカブ」を商品化した。

コンセプトは、

「女性も乗れる。ソバ屋の小僧さんが片手でソバせいろをたくさん積み上げたものを持って片手で運転できる」

というものであった。

本田は、もっとオートバイらしい、大きなバイクを作りたかったろうが、経営面でいえば今の需要も見なくてはいけない。藤沢が本田を何とかうまくなだめてつくったバイクである。

試作品ができたときのエピソードが面白い。

藤沢を研究所に呼んだ本田が、どれくらい売れると思うかと聞いた。

藤沢は「3万台は売れる」と言った。

本田は少しがっかりした。もっと売れると言って欲しかったようだ。

藤沢はさらに続けて、

「3万台と言ったのは月に3万台ですよ。年に36万台、輸出を合せると40万台はいく」

と言った。

これには本田も他の研究員もびっくりし、そして驚きの叫び声を上げた。

実際にスーパーカブは大ヒットし、ホンダを名実ともに世界一のオートバイメーカーにしていく原動力となったのである。

第三章

自動車へ進出

great person
SOICHIRO
HONDA

夢は止まらない

本田宗一郎のサクセスストーリーあるいは代表的な成功譚といえば、マン島ＴＴレースでホンダが優勝したこと（初参戦からわずか3シーズン目で優勝）を中心としていることが多い。もともと社員十数人のオートバイメーカーとしてスタートした会社が、創業から数年で世界一になるというマン島ＴＴレースの優勝は、日本の会社としてもエポックメイキングな出来事だった。

本田の生涯でも最高の瞬間だったかもしれない。

ただ、そこで終わらないのが本田宗一郎だ。マン島ＴＴレース優勝の後、ホンダは四輪乗用車の世界、つまり自動車に進出する。

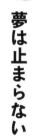

最初はなぜかT360という〝軽トラック〟を発売、続いてS500というホンダらしいスポーツカーを市場に投入する。そして、今に続くホンダNシリーズの元祖ともいうべき低価格な軽自動車N360（通称Nコロ）を発売すると、これが大ヒットとなるのだ。ただ、このN360は後に欠陥車騒動を起こし、そのころアメリカで排気ガス規制法案が可決され、この規制をクリアするためのエンジンを空冷式か水冷式にするかでホンダ社内で揉め、これを引き金に本田と藤沢がホンダを辞める事態にまで発展する。

確かに本田の偉人伝で面白くて絵になるのはオートバイでホンダが世界一となったところだろう。日経新聞の連載コラム『私の履歴書』も実はそこで終わっている（本田が55歳のときに書かれている）。自動車への進出は『私の履歴書』連載の後のことだ。

そこからホンダの社長を辞任するまでの十年（宗一郎の65歳まで）も波乱万丈だ。

本田本人は『私の履歴書』の中で、こう述べていた。

「私はずいぶん無鉄砲な生き方をしてきたが、私がやった仕事で本当に成功したものは、全体のわずか1%にすぎないということも言っておきたい。99%は失敗の連続であった。そしてその実を結んだ1%の成功が現在の私である。その失敗の陰に、迷惑をかけた人たちのことを、私は決して忘却しないだろう。人生というものは、最後まで行かぬと成功だったか失敗だったかはにわかに断じ難いものである。

(中略)

二輪車だけでなく、四輪車や飛行機の開発など、私の将来への夢はつきないが、これとても最後までやってみなくてはわからない」

本田(ホンダ)はオートバイから事業を始めたが、もとは自動車をやるつもりだったはずだ。

藤沢もそのことを最初からよくわかっていた。だからこそ、マン島TTレースへの出場宣言に書いた始めの文章はこうであったのだ。

「わたしの幼き頃よりの夢は、自分で製作した自動車で全世界の自動車競争の覇者となることであった」

はっきりと〝自動車〟を意識している。

また、本田はあるとき、自分を〝飛行機屋〟と呼んでいた。東海精機時代に飛行機用プロペラ製作技術などで天才的なところを見せていたのだ。

夢はこうして発展するものである。

どこで夢としばらく決別するか、どこで停まりそれに打ち込むか、あくまでも夢を追っていくかは本当に難しい判断である。

自分の夢を具体化し大きくし事業化したら、そこでは大勢の人を大きく利害関係に巻き込むことになる。

企業として命を持ち、ある程度大きくなると、成長、変化していかないと、いずれ他の企業に吸収され、あるいは消滅していくのが運命である。企業は〝ゴーイングコンサーン〟といって永遠の命（継続企業の前提）を目指すものの、ほとんどの企業はそうはいかない。

また、個人の夢や志、目標も人によって途中でどうあきらめるか、どう終息させていくかは、どれが正しいものであるかということは一概には言えないだろう。

そういう意味では、本田の生涯は本人はほとんど失敗していたというが、それでも滅多にないほどの恵まれた成功人生だったといえるのではないか。

ホンダを去る際の引き際は素晴らしく、自分の育てたホンダを苦しみながらも世界企業として存在感を発揮させていった。

そして多くの人は、ますます本田宗一郎を日本の生んだ創業者の理想として支持した。

本田自身は次のように言っている。

「どんな時代になろうとも、人生には夢とか、目的が必要である。しかもこれでいいという限界はない。どこまでも続く終わりのない階段みたいなものだ。私も未来に続く階段を一歩一歩上らなければならない」

本田宗一郎を現代の英雄のように扱う人もいた。

本田自身は、照れながらそれを否定してはいたが、その明るさとともに無邪気に見える風貌と笑顔がますます本田を神格化していた。

ただ一つ気になるのは、そんな本田が幕末の英雄・西郷隆盛のことについて、「あの終わり方が気に食わない」と評価していることである。

確かに、西郷の生涯は最後に西南戦争で大将に祭り上げられ国賊とされ、形式的には多くの若者たち（武士たち）を巻き添えにしたともいえる。しかも西郷の最後は、大久保利通、伊藤博文らにうまく仕組まれたのではないかと見る人も多い。

大久保は（いや明治政府と言ったほうがいいか）、西南戦争を起こさせ、士族をある程度始末することで不平武士階層を一気に抑え込もうとしていた。実際にそれが叶い、その後新しい日本をつくるための施策を打ち立てていけたのである。

西郷は、西洋を見ていないから次の時代への展望が見えなかったという人もいる。そうかもしれないが、西郷がいたおかげで明治維新が進み、廃藩置県や廃刀令も実施できたといえる。

あの当時は、武士道の日本をどう残し西欧化をどう進めていけばよいのかなど誰もが手探りだっただろう。そんな中、西郷隆盛という男はただただ誠実に国民のことを思い、未来を思う人であったのではないか。

本田宗一郎の西郷観は、間違っているとは思わないが、西郷の人生を学ぶと、その生き方、特に晩年の人生を否定してしまうのはあまりにも一方的ではないかと思えてしまう。

西郷隆盛も本田宗一郎も、二人とも心の底から人を愛し、日本を愛し、誠実に生きた偉人として共通していることは、後に続く日本人として誇りに思う。

本田にとっての自動車とは

実は、『私の履歴書』の連載開始直前になる1962（昭和37）年の6月に、本田は建設中の鈴鹿サーキットで行われた販売店総会で、小さなスポーツカーS360を自ら運転し、デモンストレーションを行っている。

つまり、自動車をすでに準備していたのだ。

このとき、副社長である藤沢の考えから軽トラックも開発され展示されている（珍しく、この藤沢のアイデアは市場では受けなかったようだ）。

自動車開発は、当時の日本政府（厳密には当時の通産省）が出した〝国民車構想〟に則ったもので、数年前から開発をしていたらしい。その開発はホンダらしく、スポーツカータイプから始めている。

国民車構想とは、通産省による自動車生産の統制的なもので、当時、貿易の自由化を前にしてまだ国際競争力の弱かった日本の自動車メーカーを守ることを口実に、新規参入等を許可制にしようとするものだった。要は、国が自動車の生産数を決めたり、メーカーが自由に車を生産できない枠組みのものだった。

このとき、本田は通産省に出向き、「自由競争こそ自動車産業を伸ばすものだ」と掛け合っている。結局この国民車構想（後の特振法）は廃案となった。

本田は、「オレはクルマをつくりたいんだ」というような熱い思いを持ってその実現に動く。この「自分の夢をあきらめることを、役人の判断一つでやられてたまるか」という、小さいころから培ったド根性があったおかげで、日本の自動車業界は活性化した。

これらのことから学ぶべきことは、国の指導や役人が決めたことだからとあきらめてはいけないことと、どんなときでもあきらめずに、人の助けに感謝しつつも、全身全霊で頑張ることでしかこの世に存在感あるよい企業も、大経営者も生まれることはないということである。

本田は後に、アメリカの自動車殿堂入りの際にこう語っている。

「子どものころに、T型フォードが走っている後を追いかけながら、地面にこぼれたオイルに鼻をくっつけて、においを嗅いで刺激されたことが、今日のクルマづくりにつながっている」

本田にとって自動車といえば〝フォード〟なのだろう。本人が語っている通り自分が自動車をつくってみたいと思ったのは、少年のころT型フォードを見たからだ。

日本人のユニークな特徴の一つに、技術などが進んでいて自分の手に届かないように見えるものを見ると、それを研究しそれと同じようなものをつくり、後にそれを超えるものをつくりたいという強い欲求を持つ人が必ず出てくることである。

例えば、種子島に鉄砲が伝来したのが1543年だが、鉄砲3000丁を使ってのいわゆる三段戦法で武田勝頼《かつより》軍を織田信長と徳川家康の連合軍が破ったのが、その32年後の1575年（長篠《ながしの》の戦い）だ。30年と少しで世界最大の銃撃戦を行っているのである。

ペリーが黒船で浦賀にやってきたのが1853年。それから約50年後となる1905年の日露戦争では、当時、世界最強と言われたロシアのバルチック艦隊を日本の連合艦隊がパーフェクトに破ったのだ。このときはまだ外国に軍艦を発注して戦っているが、それから約40年後の太平洋戦争時には、世界最強レベルの空母、戦艦などを日本は造っている。

その昔、日本人はマネをするのがうまいだけと言われたが、そんなことはないことを今ではいくつも証明できる。だいたいすべてのものは、すでに登場しているよいものに、あるよいものを加えてつくり出すものである。それを発明と言っていいと私は思っている。

フォードが生涯尊敬した発明王のエジソンは、白熱電球、蓄音機、映画、謄写版、アルカリ電池などを発明したが、よく調べるとすべて先人の技術を出発点としてこの世にない新しいものをつくり出している。

実はフォードは、エジソンの会社で働く青年であった。

あるとき、会社のパーティーでエジソンと話す機会を得たフォードは、ガソリンエンジンで動く自動車のアイデアを説明して、エジソンに励まされたという。エジソンも電池を積んだ自動車を考えていたという。

その後、ガソリン車が一般化したが、今は、電気自動車、そして水素自動車まで登場している。エジソンの先見の明もすごいと思う。

このように先人の発明や他社の商品をよく研究し、一部をマネることは許されることである。

ただ、大きな前提がある。

そこに、オリジナルが必ず加わることだ。

単なるパクリで大きくなる企業もあるにはあるが、そんなパクリやモノマネだけで大きくなった企業がこの世でその存在意義がなくなってしまうのも、あっという間だ。オリジナルになる技術を加えることと共に必要なのは、そうした先達に尊敬と感謝を忘れないことである。

この尊敬と感謝なくしてオリジナルも生まれないともいえる。

ホンダが、本田宗一郎亡き後でも、社会から一定の人気と評価を得続けている訳も、ここにある。ホンダは、どこか他社と違う、今までにない何か新しいコンセプトの製品をつくり出して提供してくれるという信頼である。

本田も生前に口を酸っぱくして言っていた。

「当社は絶対に他社のものを模倣しない。どんなに苦しくても、自分たちの手で日本一、いや世界一を目指すんだ」

N360のヒットと欠陥車問題

1960年ごろから70年代前半にかけては、日本の自動車にとって、その後の勢力図を考えても、大きな変わり目の時期であったといえよう。

貿易自由化を前に前述のように通産省が自動車メーカーを絞ろうと考えたため、慌ててスズキ、ダイハツなどの各社も自動車に参入し、ホンダも四輪を開発しているとして通産省に反発した。

そして、日本国民の所得が伸びることによって、いわゆる〝モータリゼーション（自動車の生活必需品化現象）〟が起き、トヨタ、日産を中心に、これにどう対応するかが問題となった。

このときトヨタは、石田退三の下で経営者として鍛えられ、豊田喜一郎の技術と魂をたき込まれていた豊田英二による果敢な攻めの経営で一挙に抜け出している。

カローラ（トヨタ）対サニー（日産）の大衆車バトルは国民的話題にもなったが、トヨタはモータリゼーションを確信してお膝元の愛知県豊田市の元町工場の増設などの勝負に出た。

トヨタ自動車5代目社長となった豊田英二は言っている。

「**今日のトヨタがあるのは、モータリゼーションの波に乗ったからではなく、カローラで自らモータリゼーションを起こしたからである**」

トヨタはこれで一気に、日産を引き離しにかかった。

ホンダは、この社会的な流れの中でスポーツカーSシリーズを出していたが、さっぱり人気は出なかった。

トヨタの強みは、技術出身の豊田英二率いる社の一致した方向性にもあったが、もう一つは販売力の強さだった。当時は、トヨタ自工とトヨタ自販に分かれていたが（これは戦後の倒産危機を乗り越えるための苦肉の策だった）、豊田喜一郎が戦前に口説き招いていた〝販売の神様〟神谷正太郎率いるトヨタ自販の営業が凄まじかったのだ。

ホンダはN360（Nコロ）を売り出す。このとき販売網はなかったが、カブと同じように藤沢のレター作戦で自転車屋、オートバイ屋などへ販路を広げていった。思い出すと、確かに自転車屋でホンダの自動車を売っていたのだ。私が自転車を買ったあの自転車屋のおじさんも藤沢のレター作戦に乗った人だったのだろう。

N360は、360ccの小型車で愛らしい外観ながら車室が広く、本田こだわりの空冷式エンジンであり、高性能で低燃費とホンダ車の基本となる方向性を持った車だ。トヨタのカローラと日産のサニーに比べ十万円ほど安い約31万円の低価格車だった。

それもあって、N360は発売当初は爆発的に売れた。

モータリゼーションが起きる中、車以外の機械製品、電化製品等も一般生活に急速に浸透していく。そんな産業界が急成長する1960年代後半に、社会的な問題が起きる。排ガスなどの環境問題や機械（商品）の欠陥問題だ。

環境破壊や機械に囲まれる世の中に「これではいけない」と一石を投じる人物や運動が出て、その後の日本企業の発展のためになった人も多くいた。しかし一部には、それで有名になってお金儲けをしようとする人もいた。なんと、ホンダN360はこれに巻き込まれてしまう。

訴訟にまで発展したこの問題の解決には長い時間がかかったが、本田と藤沢は決して安易に和解することをせず、自分たちの誠実な対応と正しさを主張し、さらに消費者のためになる商品開発をしていく姿勢を強めていくのである。

起死回生のシビックとアコード

Ｎ３６０はヒットしたものの、欠陥車騒動で後味の悪いものとなった。

その後、ホンダはＨ１３００を発売する。オートバイ、軽自動車に続き、初の小型乗用車（４ドアセダン）を市場投入したのだ。このクラスでは当時珍しい空冷式エンジンを本田のこだわりで採用。しかし、この高性能な空冷式エンジンが結果的にはあだとなり、Ｈ１３００は失敗作と言われてしまう。高性能なぶんエンジンが重くてハンドルが重くなりドライバーの評判が悪いほか、エンジンの製作コストも高く、販売数が落ちたため、約3年で生産終了となってしまった。

空冷式エンジンにこだわっていた本田は、これらの問題で若い技術者たちに否定され始める。技術者たちは、水冷式エンジンでないと時代に合わなくなるとの結論を本田に突きつけた。ここで本田は部下たちの意見を受け入れ、それ以降、技術的な面を委ねる結論を出す。そして技術開発のみならず、会社経営からも身を引こうかと本田は考え始めたのだ。

研究員、技術陣たちは、水冷式が認められたことで、ホンダはこれで助かるとして次の商品開発に打ち込んだ。

欠陥車騒動に続き、H１３００の失敗が重なり、次こそ成功させなければホンダはないとまで思い、意気込んだ。

そしてホンダに神風が吹く。

水冷式エンジンの研究と開発を進めていたことで、そのころ問題となっていた排気ガスなどの環境規制に対応できるエンジンの開発に他社に先駆けて成功したのである。

１９７０年代は、環境問題が社会的な大きなテーマとなっていった。

経済発展との調和を図るべき企業側と、人々の健康を重視し、問題があればただちに止めるくらいの処置を主張する側とが対立する。

そんな中、自動車の排ガス問題が、アメリカで大きく取り上げられた。

そして、有名なマスキー法がアメリカ議会で可決される。

アメリカ上院議員のエドマンド・マスキーが提案し、可決されたこの法案は１９７０（昭和45）年に制定され、１９７５（昭和50）年にはＣＯ（一酸化炭素）とＨＣ（炭化水素）を、１９７６（昭和51）年からはＮＯｘ（窒素酸化物）をそれまでの十分の一にするというものだった。

当時の論調では、これを達成するガソリンエンジンは当分できないだろうと言われていたのを思い出す。

ところがホンダは、これをクリアするエンジンを開発していた。

このチャンスでホンダは、出遅れて出発した自動車開発において、一挙に他社に並び、そして抜け出すこともできると考えた。

この低公害エンジンの名称は、「CVCC」というものであった。

そして1973（昭和48）年12月にCVCCを積んだシビックが発売された。四ドア1500ccであった。

デザインも当時としては奇抜なもので、こんなものが売れるのかという声が大きかった。現在のトヨタのプリウスもそうだったが、売れるとよく見えるし、他社もそのデザインに影響されてくる。

シビックは、初年度は、たいしたことがなかったが次第に人気を得ていく。排ガス規制をクリアし、さらに燃費を抑えたシビックは、アメリカで人気が出て、ホンダは世界一のオートバイメーカーから自動車でも世界のホンダになっていく。

その後もホンダの快進撃は続き、シビックを大きくした1600ccのアコードを発売した。こちらも人気となり、特にアメリカで大人気となっていった。

さらに〝石油危機〟という追い風（？）も重なり、燃費のいいアコードはさらに売れた。私がアメリカで見た光景は、1977年ごろであるが、どこを見ても必ずアコードが目に入ったのである。

そのころ本田はかなり有名人となり、水冷式対空冷式の争いやホンダ内部での激論などを知らずに、「さすが本田宗一郎がつくる車は違う」と私は思っていた。

今、その過程を詳しく知ると、ますます本田宗一郎という男の魅力に参ってしまうのである。

第四章

引き際の見事さ

great person
SOICHIRO
HONDA

藤沢の口出し

「達成するのは不可能ではないか」とまで言われた、厳しい排出ガス規制法案のマスキー法。ついにアメリカ議会でマスキー法は可決されてしまうが、このとき、当のアメリカ3大自動車メーカー（フォード、ゼネラル・モーターズ、クライスラーのビッグスリー）は、大反対しつつ、頭を抱えていたそうだ。

しかし、技術力に勝るホンダにとっては、これが起死回生のチャンスになり得た。マスキー法をクリアできる環境に優しいエンジンを世界に先駆けて開発していたからだ。

オートバイでは世界一を奪取できたが、その勢いで始めた自動車は、車づくりも販売もなかなか思うように進展していなかった。そんな中、自分たちの技術力で他者を出し抜き追い越せるという展望が、新しいエンジン開発を通して見えたのだ。

本田が燃えないわけがない。本田は相当に燃えたという。

が、技術者として一級の腕を持ち、オートバイで成功した本田ならではの問題が起きる。それは、本田が空冷式エンジンに固執していたことだ。それが後に本田がホンダから身を引く一因にもなっていく。


空冷式エンジンは、文字通り空気（風）でエンジンを冷ます機構を備えたエンジンだ。液体でエンジンを冷ます水冷式エンジンよりも構造がシンプルで軽量、低コストでメンテナンスもしやすく、オートバイによく使われるのが空冷式エンジンだ。

問題なのは、空冷式エンジンは、排ガスに含まれる有害物質など環境を悪化させる物質を出しやすく、その排出量自体をコントロールすることもほぼできない。

本田の教え子ともいえる本田研究所の幹部技術者たち（ホンダではこの研究所の技術者たちの中から後の経営陣の多くが輩出し、社長もここから出てくる）は、水冷式エンジンでなければ、マスキー法をクリアできるエンジンは開発できないと考えていた。ホンダは創業時から空冷式のエンジンを開発してきて、より高出力、高馬力を実現してきた訳だが、その技術は複雑な水冷式エンジンの開発にも生かせ、さらに低公害で環境に優しいエンジンの開発まで実現できると結論付けていた。その方向で低公害エンジンの研究・開発を当時行っていた。

実際、水冷式は高度な技術力が必要だが、有害ガスの排出量を減らせ（排出量をコントロールしやすい）、排ガス規制を守れるエンジンをつくる点では優れていた。

本田は水冷式エンジンのメリット・デメリットをわかっていたはずだが、強硬に空冷式にこだわっていた。本田よりも若い技術者たちは、そんな空冷式では低公害エンジンは無理だと、真っ向から考えが違っていってしまう。

両者がにらみ合うような状況に陥ったとき、副社長の藤沢がついに動いた。藤沢は技術者たちからそれまでに再三相談をされていた。本田を説得できるのは藤沢しかいないと誰もが思っていたからだ。

本田と出会ったころからの約束で、技術面のことについて本田に一切口出しをしなかった藤沢であるが、ついに本田に口にした言葉は、次のようなものだった。

「**本田さん。一つだけ聞いておきたい。**
あなたはホンダの社長としての道をとられるのか、それとも技術者としてホンダにいるべきだと思われるのか」

本田はカンが鋭い。藤沢の言わんとしていることがすぐにわかった。

藤沢は、もし本田が空冷式にこだわり、技術責任者としての地位を選んだのであれば、自分が社長になるつもりであったとも言われている。藤沢が社長になり、水冷式の低公害エンジンづくりに進もうと、それしかホンダが生き残る道はない、と考えていたらしいのだ。

しかし、本田はよくわかっていた。

「社長として残るべきだろうな」

と答えたのである。

あうんの呼吸の二人

水冷式エンジンを研究し、ＣＶＣＣエンジンという低公害エンジンを開発したホンダは、社長の本田宗一郎と副社長の藤沢武夫が引っ張ってきた会社である。だが、そのＣＶＣＣエンジンの開発のころから、若い世代に開発等の指揮を任せ始めていた。

そして、ホンダの創業25周年にあたる１９７３（昭和48）年になると、藤沢は専務の西田に以下のことを言ったという。

「**私は今期限りで辞めるよ。社長にそう言ってほしい**」

本田は、その年の夏に中国に出張した。

その間に「ホンダの社長、副社長が退陣する」というニュースが流れる。本田が中国から帰ってきた羽田空港では、報道陣が殺到する。急遽、本田の記者会見が開かれることになった。この席で本田は、

「前々からやめるつもりで藤沢副社長と相談していた。それがたまたま外遊中にバレてしまっただけ」

この年の10月、本田と藤沢は、株主総会において正式に退任した。本田が65歳、藤沢は61歳であった。

次期社長には、45歳の河島喜好が指名された。あのホンダドリームのエンジンを本田と開発した男だ。世間はその若さに驚いた。

それからしばらくして、ある会合で本田と藤沢は久々に会ったという。

このとき本田は藤沢に、

「まああだな」

と言った。すると藤沢は、

「そう、まああですね」

すると本田は、

「幸せだったな」

と言い、藤沢は、

「本当に幸せでした。本当にありがとうございました」

と答えたという。

まるで映画のワンシーンのようである。これはわりと有名な二人のエピソードであるが、藤沢は本田について次のようにも言っている。

「本田は諦めぬ男であった。遠い夢をいつも追い続けた」
「本田は結末を急がぬ男だ。そういう本田を選んでよかったと、しみじみ思った」

本田は、羽田空港での記者会見でこうも話している。

「私はもう65歳だ。若いつもりでも変化の激しい企業経営についていくのは苦しくな

った。後継者もできたことだし、この辺が潮時だ。私と副社長とは二人で一人前で、どちらが欠けてもダメだ。言ってみれば半玉が二人で芸者として一本立ちできたようなもので、辞めるときも一緒なのは当然のことである」

さすがに若いころに芸者遊びをよくした人のたとえである。半玉とは一人前の芸者になる前の見習い少女のことだ。

本田が空冷式エンジンにこだわり、もし、トップダウンで技術開発を指揮しようとしたなら、藤沢が社長になったかもしれない。そうなったとき、果たしてホンダは生き残っていけただろうか（余計なお世話ではあるが）。ただやはり、空冷式エンジンですぐに公害対策は難しかっただろう（本田はやれると思っていて、時間をかければやれたかもしれないが）。

また、藤沢が社長となると、ホンダの魂、精神が若干怪しいものとなり、その後も技術畑から社長が出るというような慣例も生まれなかったのではないかと思われる。
もちろん藤沢自身は社長にはなる気はない、向いていないと表向きは言っていたが、真相はわからない。藤沢がその気になっていたという評論家もいる。
藤沢はあくまで表向きは、自負を込めて次のように述べている。

「ホンダの経営を担ったのは私でした。会社の中でそれを知らない人はいない。それなら私に社長が務まるかといえば無理です。社長にはむしろ欠点が必要なのです。つき合っていて、自分の方が勝ちだと思ったとき、相手に親近感を持つ。理詰めではダメなんです」

少しわかりにくいが、私が思うに、社長というのは従業員にとっての旗であり、魂であり、その下に皆が集まる大きな魅力が必要だということではないのか。その多くの人から知恵や技術や実践力を引き出し、取捨選択し、ある方向に突き進まなくてはいけない。それが、あるときは大きな欠点のように見え、バカに見えて、でも何とかこの人を助けていかねばならないと思わせなければならない、と。

本田宗一郎は、誰もが一目置く天才的な技術者だが、どこか抜けているところがあり、欠点も見え、しかし、その人間的魅力、大きさから力を合せて何とかしていこうという気にさせる人なのではないか。

一方、藤沢武夫は理の人ではないかと思う。合理的に商売的に考え抜いて、正しい判断をするという人間だろう。そこに、本田のような明るさ、人間的魅力、求心力は乏しいように見える。藤沢自身も、そこのところをよくわかっていたようにも思える。

経営者の資質

本田の言うように、藤沢なくして世界的企業ホンダの隆盛はなかっただろう。

面白いのは、そんな藤沢がもし本田とコンビを組まなければ、せいぜい町工場のリクツの多いうるさいオヤジで生涯を終えていたのではないかと思えるところだ。

人と人の行いというのは、出会いの妙、組み合わせの妙でもあり、それが人どころか社会さえも大きく変えてしまうことがあるように思う。その意味で、本田と藤沢の出会いは運命的でもあり、天の配剤とも思えてならない。振り返れば歴史的なことにすら感じてしまう。

歴史といえば、戦国の世では織田信長、豊臣秀吉、徳川家康が出会い、それぞれの活躍で補い合い、天下を支配していったこともそうであろう。幕末では、吉田松陰と多くの門人たちとの出会い、勝海舟と坂本龍馬の出会い（また二人と西郷隆盛とのそれぞれの出会い）、西郷隆盛と島津斉彬の出会いもそう思える。そのような出会いがなければ、明治維新はどのような形になっていたのであろうか……。

前出のソニー創業者の二人、井深大と盛田昭夫の出会いも歴史的なものに感じられるところがある。二人が出会い組まなければ世界のソニーはなく、二人が出会っていなければ、それぞれが小さな会社の社長として奮闘していたくらいだったかもしれない。

盛田の実家は造り酒屋だが、長男として家を継いでいたらもしかするとサントリーのような大きな飲料メーカーになっていたかもしれないが、少なくとも世界のソニーの社長のようにはなれなかったであろう。それが、井深大という技術で夢を語り、人間的度量の大きい人を担ぐことで、人も会社も世界的なものになっていったのだ。

ちなみに、井深と本田が後に親友となるのもわかるような気がする。どちらも夢見る人、人思いの人、情熱の人だった。

さて、藤沢武夫は、1910（明治43）年に東京で生まれている。

父は映画館のスライド広告を制作する小さな宣伝会社を経営していたが、藤沢が中学一年生のときに起きた関東大震災で、その会社は焼け落ちてしまったそうだ。

その後、藤沢は教師を目指して高等師範学校を受験するが失敗し、筆耕屋《ひっこうや》業（書状や手紙の宛名書き屋）を始める。徴兵されて1年ほど軍隊生活をした後に、鋼材問屋の営業として働き、売上トップの成績を達成するなど、このとき営業のイロハを吸収したようだ。さらに独立して、切削工具を製作する会社を自ら経営する。敗戦直後は、福島で製材業を始めていた。

戦中に、仕事の取引先（中島飛行機株式会社）の検査員だった竹島弘と出会う。その竹島に「浜松のエジソン」こと本田宗一郎に引き合わされ、一瞬にして意気投合し、本田のもとに入ったのである。
もし、藤沢が高等師範学校に受かり、望み通りに教師になっていたら、後のホンダはなかっただろう。

これはソニーの井深大にも言える。井深は早稲田大学を出た後、東芝に入社しようとしたが採用されなかった。もし東芝に行っていれば、当然ソニーは生まれなかっただろうし、後に盛田昭夫と組まなければ、世界のソニーにはならなかったろう。
井深大は次のように述べている。

「二人（井深と本田）とも、経営についてはまったくの素人です。経営者としての本田さんはずれているというか、事業家としての資質は、もうゼロといってもいいでしょう。私がそう言うと『何を言ってんだい。お前だって同じじゃないか』という本田さんの声が聞こえてきそうです。

確かに私も、会社を大きくしようとか、カネを儲けようという意識はあまりありませんが、本田さんに比べれば、まだ少しはあります。しかし、本田さんはまったくのゼロで、とにかく裏も表もないのです」

「長い付き合いのなかでも、二人の間では経営の話なんていうのは、まず出てきませんでした。二人とも経営者としては失格だったのですが、ご存知のように、それぞれに藤沢武夫、盛田昭夫という相手がいたからこそ、ここまでやってこられた訳です」

井深はこのように、本田とともに経営者として失格だと謙遜しているが、これを真に受けてはならない。

私は、二人は経営者としても類《たぐ》まれな資質を持っていたと思う。

一つは、二人ともそれぞれの事業体で高い求心力を持っていたということだ。

二人の夢の追求があるから、人はついていく。そして二人は、人間的度量が大きく、いろいろなタイプの人を受け入れることができた。もし、二人が何もかもについて小うるさく、すべてを自分で決めるような人であれば、彼らの会社は小さな町工場レベルで終わっていたはずだ（これがほとんどの会社の姿である）。

小さな町工場や会社がいけないということではない。小さな会社でも、本田宗一郎も、井深大もそこで自分の夢を追い、人生を楽しんだはずだ。

もう一つは、二人が社長でいる間や生きている間は、会社に大きな倫理観というかポリシー・経営理念がピシッと通っていて、権力者である藤沢武夫にしても、盛田昭夫にしても、勝手なことはできなかったということである。

いわんや他の幹部もそんなことは考えなかった。

①技術で世界一になる、世界一を目指す
②他社のマネなど絶対にしない
③浮利を追わない

この三つは、二人が会社を去っても存命中だったころの2社のコンセプトになっていたように思う。

井深大の死後、ソニーは家庭用ゲーム機のプレイステーションを世に送り出した。「ゲームに手を出すな」と言っていた井深（ある井深側近の人の話）の言葉に反することをした経営陣が出たのだ。井深にしてみたら、ゲーム機は儲けは大きいものの、その儲けが、「技術で世界一」という会社の大コンセプトから目を逸らせがちになることを恐れたのであろう。

プレイステーションは後に成功していくが、家庭用ゲーム機の失速とともに、その後のソニーは他製品でも苦しんだ。井深なら、「そんなものを出すくらいなら、もっとコンパクトでもいいから、夢のある会社、世界一の技術開発の会社を目指して、そんな製品を開発していこうよ」と言ったのではないか。

会社とは、大きくなるとその雇用を守り、存続し、さらに大きくなることで経営の安定化を図ろうとしていったりする。それはある意味仕方がないことでもある。特に創業オーナーという会社の魂が存在しなくなると、経営を預かる役員たちは、株主たちを満足させなければならないために少しでも利益を出す方向に走りやすい。

そんなとき、本田宗一郎や井深大のような存在は大きい。会社に一本筋が通る。

そういう意味で、私は経営者としての資質が本田にも井深にもしっかり備わっていたように思えるのだ。

見事すぎる引き際、引退

本田宗一郎と藤沢武夫は、出会って意気投合したときからの約束があった。会社の大まかな方向性と技術のことは本田が担当し、会社のお金のこと、経営、販売のことは藤沢が担当する、というようなものだった。

この二人の約束事について藤沢は、

「本田のやることに口を出さない。その代わり本田も私のやることに掣肘《せいちゅう》を加えない、という約束です。私は、あの人の話を聞いていると、未来について計り知れないものが次々に出てくる。それを実行に移していくレールを敷く役目を果たせば、本田の夢はそれに乗って突っ走って行くだろう、そう思ったのです」

しかし、藤沢は一度だけ本田に口出しした。低公害エンジンの開発で、本田のこだわり（空冷式エンジン開発）を覆すべく若い技術者たちの意見（水冷式エンジン開発）を進言したことだ。話の内容、タイミングともに、二人の経営者が身を引くべきことも示していた。それは、そもそもが本田の技術やその夢を追うのがホンダという会社だったからだ。

藤沢が辞めることを専務の西田を通して伝えると、本田も同時に辞めると決断する。私はこんな見事な引き際の人を知らない。

役職が高ければ高いほど、何らかの形で会社に居座り口を出す者が多いと思う。ある大手飲料メーカーの副社長、副会長となった人が私に言った。

「ひょんなことから、**社長か会長になるはずが、副社長と副会長になったよ。自分の子分は社長、会長になった。何が違うかというと、アイツにはずっと会社の車と運転**

手が付く。これは大きい。社用車、運転手がないと移動がつらいからね。あと、アイツは某国営放送の会長にもなれたが、自分は副社長ということで声がかからなかった。それと、ある銀行から送り込まれてきた社長は、この会社の大発展の手柄は全部自分にあると言って本をたくさん出して、それもなぜかベストセラーになって、講演活動なんかをしている。ウソばっかりだよ」

また、以前あった政府系金融機関では、90歳をすぎても毎日会社に顔を出し、相談役として君臨している人もいた。それはもはや老害でしかない。

老子に次のような教えがある。

富貴《ふき》にして驕《おご》れば、自《みずか》ら其《そ》の咎《とが》を遺《のこ》す。功《こう》遂《と》げて身《み》退《しりぞ》くは、天《てん》の道《みち》なり

『老子・九章』

つまり「財産や地位ができ、思い上がって勝手なことをしていると、自分（あるいは後の子孫）が後に破滅していく原因をつくっていくことになる。だから、自分なりによい仕事を成し遂げたときは、さっさと身を引いて引退するのが天の道（この世の正しいあり方）なのである」というものだ。

この教えを実践する人は少ない。役人や大手企業の定年後のいわゆる天下りもその一つだろう。顧問や相談役も同じである。

それぞれの生活があるのはわかる。死ぬまで人は働くべきである。だが、天下りなどは本来なくてよい仕事、地位を与えるものである。そのために、どれだけ多くの税金が無駄に使われていることか。国の借金と言われるものの中にはこうした特殊法人への支出も含まれる。

私企業の場合は、人によってはなくてはならない仕事をしている人もいる。しかし、ほとんどの場合は、その人のため（定年後のよりよい生活保障のため）にその職をつくり、就いているだけであることが多い。

できたら、現役で元気なうちに、会社か役所でやる仕事以外の能力を磨き、定年後は、会社や役所とは別の分野で能力を発揮したいものだ。

現役のときは、そのときの仕事に一生懸命に、それこそ全身全霊で取り組むべきだろう。しかし、そこでもうひと踏ん張りして、自分の中にある何か別の能力を開発し、育てておきたいのだ。これは、そのときの仕事にもよい影響を与えてくれるはずだ。視野の広い人にもなれる。そうしないと、老子が説くように、目の前の仕事にしがみついたり、天下りで自分だけがいい目をみるようになるものなのだ。人生の後半においてはいい生き方とは言えない。

この点、本田は見事であった。

退陣の挨拶が素晴らしい。一部紹介する。

「ホンダは、夢と若さを持ち、理論と時間とアイデアを尊重する会社だ。特に若さとは、困難に立ち向かう意欲、枠にとらわれずに新しい価値を生む知恵であると思う。

私はまだまだ心だって体だってその意味で若く、みんなに負けないつもりだ。だが現実問題として、残念ながら、『若い人はよいなあ、若い人にはかなわないなあ』と感ずることが多くなってきた。

例えば、CVCCの開発に際して、私が低公害エンジンの開発こそが先発四輪メーカーと同じスタートラインに並ぶ絶好のチャンスだ、と言ったとき、研究所の若い人は、排気ガス対策は企業本位の問題ではなく、自動車産業の社会的責任の上からなすべき義務である、と主張して私の眼を開かせ、心から感激させてくれた」

「若いということは、何と素晴らしいことかとつくづく感じた。

ホンダは常に時代を先取りしてきた。その中心に若いみんながいる。みんながどんどん育ってきている。

私に目を見張らせるような、新しい価値観、企業と社会との関わり合いについての新鮮な感覚、こういうものの上に築かれる、フレッシュな経営が必要な時代になってきているのだ。

今後ますます強まる企業の社会的責任の要請や地域を単位とした自然環境保護の声に対応して、組織もますます、若い力、若い感覚を必要としてきている」

「思えば、随分苦労も失敗もあった。勝手なことを言ってみんなを困らせたことも多かったと思う」

「ホンダと共に生きてきた25年は、私にとって最も充実し、生きがいを肌で感じた毎日だった。みんなよくやってくれた。

ありがとう。ほんとうにありがとう」

「社是の冒頭にある『世界的視野』とは、よその模倣をしないこと、ウソやごまかしのない気宇の壮大さを意味する」

「これからも大きな夢を持ち、若い力を存分に発揮し、協力し合い、今以上に明るく、そして働きがいのある会社、さらに世界的に評価され、社会に酬いることができる会社に育て上げてほしい。

明日のすばらしいホンダをつくるのは君達だ」

まとめ　～私が考える本田宗一郎

ここで、本田宗一郎という偉大なる創業経営者のポイントを私なりにまとめておきたい。

❖人は、自分の夢を追い続けていくことでいい仕事をすることができる

本田宗一郎ほど、小さいころから好きだったこと、夢に描いていたことに打ち込み、生涯それを貫いて成功した人はいないのではないかと思う。

友人になったソニー創業者の井深大が言うように、本田は会社経営というものをほとんどやらなかった。その部分は、藤沢武夫というパートナー的な人がいてくれた幸運もあったろう。井深（ソニー）でいえば、盛田昭夫というやはりパートナー的な人

がいたことが大きい（井深は本田よりは経営にタッチしていたようである。特に創業当初は）。

しかし、このことは、自分の夢、自分のやりたいことに専念できるという特質が、人を呼び、いい人を巡り合わせたとも言える。

余計なことは言わずに任せる。こういうことができるのは、やはりすごいことである。

❖真心の人、正直な人である

本田はよく怒鳴ったそうだ。スパナやトンカチを平気で人に投げつける乱暴なところもあったらしい。

しかし、その人間性はまったく裏表がなく、真心にあふれ、正直で、ただただ仕事に熱中することが、そうさせていることを周囲の者はわかっていた。

こういう中で育った人が次々と後継者として育っていく。

ホンダのようなベンチャーが大きくなりながらもブレなかったのは、本田の行動、思考、人間性を身をもって知った人たちがいたからであろう。

❖権力に負けない

自分の夢を追い、やりたいことを一生懸命にやり抜く者は、それを平気で制限しようとする国家権力とさえケンカをしても、それを貫いていく。

道徳的に悪いことをしているわけでもないのに、国策上これがよいのではという浅知恵で政策（法律）を官僚ならびに政府はつくることがある。彼らは学校の成績は素晴らしく、頭はよいのかもしれないが、「自分のやりたいことをやり、夢を追い、しかも人のためになることをしている人」に対し、屁理屈をつけて制限しようとすることがある。そんなことが許されていいわけではない。

そんなときに本田は立ち向かい、本当の日本国民のための権利・自由とは、どういうものかを教えてくれたと思う。

❖引き際の見事さ

人は引き際が大切といわれる。

しかし、実際にそれを実行することはとても難しい。

本田は、私企業の創業オーナーであるのに、自分の子どもを入社させていない。

今もある大手企業の創業オーナー経営者で、多くの啓蒙書を書いてベストセラーにしている人は「自分の子を後継者にしない」と言うが、しかし、株式はしっかりと子どもに多く与えていた。どんな形であっても結局は家の利を図る人が多いのである。

この点、本田は、自分の子たちにその後の会社に対し発言権ある地位をつくらせなかったのは見事である。

❖死ぬまで可愛く、人に愛され、自分の仕事を見つけて頑張る

本田は、人々に愛された。明るく、いつも笑顔で、ざっくばらんな人柄が皆に愛された。

社会のためにもいろいろと活動を続けて頑張った。もちろん退社後は会社経営自体に一切口出しすることはないが、ホンダの子どもたちの役に立つ事となれば、時に宣伝マンのように、またホンダの象徴のように動いて見せた。

まったく見事な一生であった。

終章

本田宗一郎が遺してくれた言葉

great person
SOICHIRO
HONDA

成功は失敗と努力による

本田宗一郎は趣味として絵を描いていたそうだ。

色紙を頼まれたときなどは、傍らに、柳の枝に飛びつこうとする蛙の絵を描き、そして「成功は失敗と努力による」や、それに類した言葉を書いたそうだ。

柳に飛びつく蛙の絵で思い出すのは、昔の子どもが紙芝居などで教わったことのある、書家の小野道風《おののみちかぜ》のことであろう。

小野道風は、平安時代の有名な書家の一人だ。

ある雨の日、自分の才能のなさに自己嫌悪に陥っていた道風《みちかぜ》は、何度失敗しても柳に飛びつこうとする蛙を見つけた。何度も何度も飛びつこうとする蛙は、ふいに吹いた風で柳がしなったときにうまく飛び移った。その姿を見た道風は、自分の努力の足りなさを反省して、その後、修行に励み、自分も周囲も認める作品を書けるようになったというものである。

これは花札にも描かれているほど有名な話であり、昔は道徳の教科書にも載っていた。本田は、この話を好んで絵にしたようだ。

本田は、失敗に学ぶことの意義について、他にいくつか有名な言葉を遺している。

「思えば、ずいぶん苦労も失敗もあった。勝手なことを言ってみんなを困らせたことも多かったと思う。

しかし、大事なのは、新しい大きな仕事の成功の陰には、研究と努力の過程に99パーセントの失敗が積み重ねられていることだ。これがわかってくれたからこそ、みんなが頑張り合ってここまできてくれたのだと思う」

他にも、井深大との対談の中で次のように述べている。

「ソニーでもうちでも失敗したことは大切にしているが、みなさん、この失敗を知ろ

うとしない。表面に出た成功を盛んに言うわけだが、この成功の陰にはものすごい失敗もある。失敗を恐れちゃいけないね。その失敗の内容が、どうであったか、ということが一番のエッセンスなんだ」

私は、こうしたいわゆる偉人の言葉を味わうのが好きだ。たぶん私だけではなく多くの人がそうであろう。こうした名言をわが人生の反省材料や、あるときには奮起するための材料にする。

ところが、こうした経営者の名言の味わい方に藤沢武夫が警告を発してくれている。

「経営者の語録というのは、発言した時代背景とその企業が置かれていた立場をわかっていなければ、本当の意味を理解できない。断片的な語録集を作れば言葉だけが独り歩きしてしまう」

まったくその通りである。

私たちは、その名言が、どんな状況で、どんな相手に向かって言われたかをできるだけ知るべきだと思う。

また、それが歴史の中で、どういう位置づけにあるのかもよく考えたい。

そうした発言をしたその人の一生をよく学んだうえで、その言葉をかみしめると、一層味わい深いものがある。

このようにして、私たちは名言をありがたくも大事にしていきたい。

ちなみに、本田は歴史好きで、自分なりの研究をいろいろとしていて、考察を深めていたそうだ。自分で納得できないときには、歴史作家に質問の手紙を出すほどであった。

そんな本田も、自動車産業界のパイオニアであるヘンリー・フォードの次の言葉は励みになったに違いない。

「失敗とは、より賢く再挑戦するためのよい機会である。まじめな失敗は、なんら恥ではない。失敗を恐れる心こそ恥である」

信用とは、人に好かれること、約束を守ること、人を儲けさせることにつきる論語の中では、「信」が重要視されている。

他には「仁」、すなわち人を愛すること（しかも学識高く、知恵をもって）が大切だとしている。

日本人の多くは、これらの教えに忠実に生きている人と思える。それが、日本という国をこれほどまでに発展させたのではないかとも思える。

ドイツの社会学者であるマックス・ウェーバーは、キリスト教信者におけるプロテスタントの勤勉性や誠実性に資本主義（現代のビジネスにつながる）の基礎があると看破した。信用と奉仕の心なくして、本当の資本主義は繁栄しないということなのだろう。

日本には、昔からの教えの根底に八百万《やおよろず》の神が宿っていて、生まれながらにしてすべてのものに感謝し、誠実に生きることを求める人が多かった。そこから勤勉性も信用重視も当然のように出てくる。

本田は、自分ではっきりと言うように無学かもしれない。学歴なんかどうでもいいと思っていたという。

しかし、仕事を通じて自分の夢を実現し続けることによって、人間の本質をよく見抜いた。だから成功したとも言えなくもない。論語の教える「信」を、私たちにこういう意味なんだとはっきりわかる形で示してくれた。

それが、ここにある言葉である。

信用とは、①人に好かれること、②約束を守ること、③人を儲けさせること、なのである。

特に、目からウロコが落ちるのは、①と③である。

人に好かれることとは本来、信用とは関係ないように思える。しかし、よく考えてみると、好きな人、可愛げのある人のすること、やることを否定してしまうことはあまりなさそうだ。その人の本当の意味するところを理解してやろうという気になる。何とか、その好きな人をうまく生かしてやりたいと思うことは、とても大切だ。

本田自身が多くの人に好かれたからなのか、生前はもちろん、死後であってもホンダ製品が信用されたのではないだろうか。


また、「人を儲けさせること」を信用に入れて考えるのは、やはり企業人である。これは見事にビジネス社会のみならず人間社会での人のあり方を示してくれる。

小さなことからでもその人の利益のためになることをしていたら、その人は自分を信用しない訳がないだろう。

一見、ホンダ製品は目新しいデザインやスピードだけを重視したもののように見える。それも大きな要素かもしれないが、人の利益の面も決して忘れていない。

街の商売人たちのためにカブをヒットさせ、環境保護を重視し、燃費を抜群によくしてアメリカを中心に大ヒットさせたシビックとアコードは、人々の長い健康的な暮らしと経済性に貢献することを目指してできたものである。

本田の「信」の定義を、これからも日本人の間で常識にしていくことで、社会の活力はますます大きなものになっていくに違いない。

好みは感情に支配される
能力はその感情を支配する

商売人、企業人たるもの、人の好みに敏感にならざるをえない。

よく、「この商品は時代が早すぎた」などと言われるのも、このことからの見方である。この原則は決して忘れてはならない。商品、サービスとは、人が喜び、人が欲するものでなければと思う。

私たちの商品が早すぎたと言う場合に、その多くは、ただ人の心を読み違えただけだったことに注意を向けるべきだ。商品開発者には謙虚で素直な心がないといけないと思う。


一方で、需要は、創り出すものでもある。経済学者のピーター・ドラッカーの言ういわゆる「顧客の創造」である。

よりよい物、より能力の進んだもの、より新しいものをつくり、見せることで人々は、そこに需要があることに気がつくのである。

こうして生まれた需要は、車、飛行機、テレビ、ラジオ、パソコン、インターネット、スマートフォンと次々と出てくる。だから、本田の次の言葉も、よく覚えておきたいものである。

「需要がそこにあるのではない。われわれのアイデアが、そこに需要をつくり出すんだ」

そして、技術者、商品企画・製作者は、冒頭にある言葉を忘れてはならない。時代や人のせいにしていては、本物を生み出し、世の中に広めることは決してできないのである。

一人一人の明確な知恵の向上が、
社会全体の進歩を生む

本田は、次のように考える。

「現代の文化というものは、一人一人の知恵の向上によって進歩するものだと思う。特に現代のような科学時代にあっては、一人の天才のアイデアだけでは、社会全体のレベルを引き上げることは難しい。国民一人一人の科学知識のレベルを土台にして、天才のアイデアは有効に生かされ、社会全体の向上に役立つのだと思う」

今ではホンダにも他の大企業と同じように、東大卒など高学歴で優秀な人たちがたくさん入社しているだろう。しかし、本田がホンダを立ち上げ、世界一のオートバイメーカーとなり、次に自動車でもユニークで独創的な車をつくり出していく中では、有名大学型の人はほとんどいなかったはずである。

経営の才を発揮し、マーケティングに力を発揮した盟友の藤沢ですら大学は出ていない。

しかし、一人一人の従業員は、それぞれに知恵と努力で、世界に対して「どうだ」というものをつくった。これは本田と藤沢が極めて優秀であったからだろうが、二人の力だけではどうしようもなかった。多くの従業員たちの力が合わさってできたのだ。これを素直に見ることのできる点で、本田は本当の天才ではないかと思える。だから、このことを広くとらえれば、日本人一人一人の力があったからこそホンダやソニーが成長していったと言えるのではないか。

本田は、他の従業員の力を素直に信じたが、例えばソニーの盛田昭夫などは、自分だけが（井深大を除いて）できる人間であると思う超ワンマンタイプだったそうで、そこは本田とは大きく違う。

従業員を信じるという本田の姿勢は、社長をさっと辞めた後に後輩・教え子たちに完全に会社を任せて口出しをしないという類を見ない本田の引き際となって表れた。

普通、創業者は、盛田昭夫のように死ぬまで会社に口を出したりするものである。

本田は徹底して、仲間たちを信じ、続く者たちに期待し任せた。こんな創業者は世界でも珍しいだろう。

ここで一つ面白い見方があるので紹介したい。これはある大手出版社で人気マンガ雑誌の創成期を支えた二人の方が言っていたことである。

その話によると、大体、成長していく企業の創業期から発展期までを支える人たちは、大した学歴もなく、ましてや有名大学卒の人はいないという。しかし成功して大企業になると、東大あたりを出た学業優秀な人たちが入ってくる。やがて責任者もそういう人たちが占めてくる。すると、その企業はそこがほぼ頂点のときであり、あとは下り坂となるというのだ。

自分たちが携わっている売れているマンガ雑誌の編集部でも、以前では考えられない東大卒などの高学歴なスタッフが入ってきて、その人たちが責任者となってきたと言っていた。

今、本田の言葉を見ていると、何かそのことも教えられているようである。

本田も次のようにも言っている。

「天才とか聖人とかいう人を除けば、人間はみな似たりよったりの能力と、感情の持ち主である。これを悟らなければならないと思う。つまり、我も人なら、彼も人なのである。

この自覚がないと、自分一人を特権意識で固めて、手前勝手な差別を他人に押しつけるということになる。私はこういう人間を軽べつする」

これも本田らしい名言である。

天才は苦難の道を知らぬ
努力はやがて天才を抜く

オートバイはともかく、自動車というものは、20世紀において（21世紀も今のところ）、イコール国力であった。だからアメリカの自動車業界全体が衰退するなど考えられなかったところがある。

第二次世界大戦の敗戦国で経済的に困窮したはずのドイツと日本の車が、アメリカを圧倒していった。特に日本車は、環境対策と燃費と安全性で世界に君臨し始めていく。これに対し、いつの間にかアメリカはそれまでの軍事力や経済力の他にＩＴで世界を支配する国となった。

マックス・ウェーバーは、アメリカ建国の父と呼ばれるベンジャミン・フランクリンを見て資本主義のモデルのように思い、アメリカの発展を予測したが、現在のアメリカの変貌ぶりは今後どうなるかの予測は難しい。

天才は、アメリカや人口の多いインド、中国などに多いと思われるが、私は、本田の言葉が正しいと見る。天才があまりいない日本が、努力で他国を抜いてしまうだろうと。

日本は今のように小国でいい。努力を続ける小国の日本と日本国民が、本田のような気概と仕事に喜びを持って、世界経済の安定に貢献する存在でいたいと思う。天才が恐いのは、他の人々を見下し、彼らに犠牲を強いても平気でいるところである。日本にそんな天才は、これまで通り、いらないのだ。

本田は次のようにも言っている。

「人間が苦労に耐えながら追求する喜びは、必ず正義でなければならないし、他人の犠牲を必要としてはならないし、同時に他人の喜びに通じるものでありたい。自分の喜びを追求する行為が、他人の幸福への奉仕につながるものでありたい」

このように日本人は、これまで以上に正しい方向で努力をコツコツ続ける国民でありたいものだと願う。

友情を求めるならば、
まず彼の秘密を守ることだ

本田はこう話す。

「言うまでもなく、人間関係を支えるものは相互の愛であり、信頼であり、尊敬である。

私はこれをひっくるめて一言でいえば、秘密を守ることだと思う。なぜかといえば、私はそれが社会のルールや人間のモラルに反する内容の秘密は別だが、そうでない限り秘密を守るという行為の中に、その人の人格の要素となっているさまざまな精神的なものがにじみ出ていると思うからである。

例えば夫婦は、最も多種多様の秘密を共有する人間関係である。真の友人関係が、これに次ぐものではないだろうか。

夫婦がお互いの秘密をさらけ出すときは、離婚のときであり、友人関係も破滅のときだ。

お互いに秘密を持ち、守りあう秘密の量で、人間関係の質が判断できるのであると思う」

本田は、あけっぴろげで何でも人に語ったようなイメージがあるが、ここにあるように自分の秘密も、友人の秘密も厳しく守ったに違いない。

ホンダの社長を辞めた後にソニー創業者の井深と親友になっている。お互いに秘密を語り合って慰め合ったに違いないのではないか。

本や雑誌での対談や文章には出てこないけれども、人には言えない二人だけの秘密があり、それをお互いに守ったのだと思われる。例えば、女性問題や子どもたちの生活とか今後のことなど……。

二人は、自分の子を後継者として会社に入れなかった。しかし、何らかの手を打っていたはずだ。

本田の息子である本田博俊氏が、カーレース用エンジンを扱う「無限」という会社を立ち上げてから話題になったことがある。この会社の財務面を仕切っていたホンダ出身のある幹部が横領問題を起こしたときだ。本田なりの心遣いはあったのだろうが、マスコミも世間も、本田の誠実な人柄を知っていたため、深く疑うところまでいっていないのは、やはり本田の人徳のおかげではないかと思う。

井深も、ある女性とその子どものことでいろいろと問題があったようだが、これも井深の清廉な性格のおかげで誰も深く追求しなかった。

井深は、盛田昭夫の女性問題なども深く知っていたのであろうが、一切口外することなどなかった。

本田が言うように、人は、この秘密を守れるかどうかが、その人を見る一つのバロメーターになるようである。

工夫、発明は、苦しみの中から生まれた汗であるトヨタの中興の祖といわれる石田退三は、生涯に二人だけ恐ろしい人を見たという。一人はトヨタグループの始祖・豊田佐吉であり、もう一人が、本田宗一郎だ。何が恐ろしいかと言うと、成功するまで、うまくいくまであきらめることを知らないところなのだそうだ。

二人には共通して学歴はない。しかし、苦労を苦労と思わず、必ず成し遂げていく姿に、恐さすら感じたのであろう。

本田は言う。

「工夫発明というと、とかく特別な能力のある人間の仕事と考えがちだが、これは間違いである。たいがいの場合、夢に見るほどまで苦しみ、考え抜いたあげく、やっと探しだしたアイデアが、発明であるのが大半だと思う。

現状に不満を持ち、その改善に忍耐強く努力する意欲さえあれば、工夫発明は誰にでもできることではないだろうか」

つまり、本田は成功するまで、うまくいくまで止めないのだ。石田退三が恐ろしいと言うのはそういうことなのだろう。恐ろしいくらいに必ず成し遂げる。失敗のまま終わるなど考えられないのだ。

本田は井深との対談で次のように話している。

「何千でもいいから、お釈迦になってもいいから、作ることだね。もったいないようだけど、捨てることが、一番巧妙な方法だね。捨てることを惜しんでいる奴は、いつまでたってもできないね。

物を苦労して作った奴ほど強い奴はないね。物を作ったことがない奴は、皆だめだね」

私は、人間が人間らしく生きる最高の方法は、自分の個性を開発し、より個性的に育成して、それに従って生きることだと思う。個性の特質を充分に生かして生きるということである。これによって人生は楽しく、能率よく暮らせるのではないかと思う。つまり『人生は得手に帆をあげて』生きるべきなのである。得手でもない仕事をやればただ苦痛なだけだ。柄でもない生活を営めば、そこには休息も何もない吉田松陰が、松下村塾などで口を酸っぱくして言っていたことと同じである。

自分の向いている面、好きな面を見つけて、それを磨いて、社会、国家に役立てよと言うのである。そこに自分の人生の喜びと充実感が出てくるというのだ。

それがわかって実行した人は、吉田松陰門下生や本田宗一郎を見てわかるように、歴史に残る偉大な仕事をやってのけるほどになるのだ。

だから、本田は次のようにも言った。

「幸福は他人につくってもらうものではなく、自分でつくるのだ」

人間は死ぬまで仕事をするべきだ。人間は、どんどん進歩する。これでよいということはない。考えても、考えても足らんというのが人間の常識である。人間というものは、死ぬまで用事があるものだ。年寄りなりの考えを出して生き抜くべきだ

人生八十年、九十年と長くなると、この本田の言葉は生きてくる。

仕事の定年は、今では65歳か（今後さらに上がると思うが）。そこから十年、二十年と生きねばならない。長い人は三十年以上だ。今や人生百年時代と言われている……。

そこで、何もするなというのは、淋しすぎる。

ホンダでは、役員定年後は他社の仕事はしないという暗黙のルールがあったようだ。これは本田の考えからは少し違っていると思える。

本田自身は65歳で会社から退き、それ以降会社に一切の口出しをしていない。これは古今東西の歴史上の企業創業者の中では珍しいものである。

その退き際の素晴らしさは、歴史に残るようなものだが、その後の本田は、ホンダ創業者としての従業員への励まし行動を全国で続けていた。また、社会貢献事業にも多く顔を出している。

社長退任後は、個人事務所を設立し、そこを拠点にいろいろな活動をしていた。

いずれにしても、人には死ぬまでやることがあるはずであり、それをやって生き抜けという本田の生き方は、力強いメッセージに思えてならない。

人を動かすことのできる人は、他人の気持ちになれる人である。そのかわり、他人の気持ちになれる人というのは自分が悩む。自分が悩んだことのない人は、まず人を動かすことはできないアメリカの作家で啓蒙家のデール・カーネギーの名著『人を動かす』には、相手の気持ちを推し量ることが大切であると書かれている。いわゆる「利他行為」というものだ。

本田がここで述べる人を動かすものとは「利他行為」に違いないものの、さらに純な心、真心といった正直さや素直さがこもっているものと思われる。

本田は従業員をよく叱った。それでも従業員は彼を愛し、そして動いた。反対に本田自身は自己嫌悪によく陥り、なんであんな言い方をしたのだろうと悩んだりしていたという。

この純真さ、真心を人は理解する。自分の都合で叱ったのではなく、より高い目標を成し遂げていくためのものだとわかるのである。

そこには、余計な作戦、巧妙なやり方というのではなく、本心、素直さ、純真さ、誠実さがあふれていた。だから本田の言うことや指図には、皆が従ったのである。動いたのである。

私は自分の人生そのものを、一つの事業に賭けていた。自分にとって、これほど大きなギャンブルはないわけだから、友達同士で取ったり、取られたりするようなギャンブルは、小さく見えて仕方なかった私も、パチンコや競馬などに夢中になる人の気が知れなかった。それぞれに楽しし奥深いものがあるのかもしれないが、仕事に打ち込めば、そんなことはどうでもよくなると思っていた。

実際、これらの賭け事にハマっている人で、本当に仕事のできる人を少なくとも私は見たことがない。

藤沢は「人生がばくちだと思っている。花札やサイコロなんて小さいよ」と言っていたらしい。

本田も「もし、賭け事の世界に首を突っ込んでいたら、その後の成果はあり得なかったと思う」と言っている。

私はどんな場合でも真剣だったし、
そのために失敗しても
挫折するということがなく
立ち直ることができた

何事にも真剣に全力投球をしていれば、たとえそれが失敗しようと、後悔しようがない。どこが悪かったかを反省して、すぐ取りかかるだけである。挫折したり、悩んだりする時間も余裕もなくなるのだろう。

だから、本田は言う。

「私にとっては今していることが大きい仕事なのか、小さい仕事なのかという区別は何の意味も持たない。小さいものがどんな大きなものに発展するか判らないというのが、人間のやる仕事なのである。こうした観点からも、私は何事にも真剣さを求めてきた」

どだい、失敗を恐れて何もしないなんて人間は、最低なのである失敗を恐れて何もしないという人は、他人の成果、先人の偉業を享受するだけの情けない人にすぎないと、本田は厳しく言っている。また、「必要ない人なんていない」というのが本田の持論であり、誰もが有用な人であると信じている。

しかし、本田は失敗を恐れて何もしない人を見ると叱る。従業員からやる前に「無理です」とか「できないでしょう」と言われると、「やってみもせんで何を言うか！」と叱ったそうだ。自分たちは人類社会へ貢献することを仕事にし、生きているんだということを皆にわかってもらおうと厳しく言っていたという。

また、次のようにも述べている。

「人間が進歩するためには、まず第一歩を踏み出すことである。躊躇して立ち止まっては駄目である。なぜなら、そこにどんな障害があろうと、足を踏み込んで初めて知れるからだ。失敗はその一歩の踏み込みだと思う。前進の足踏みだと思う」

本田宗一郎と本田技研年表

年	月	事項
1906（明治39）年	11月	本田宗一郎、静岡県に生まれる
1922（大正11）年		二俣尋常高等小学校卒業後、アート商会に入社（丁稚奉公）。宗一郎16歳
1928（昭和3）年		アート商会浜松支店設立。宗一郎22歳
1934（昭和9）年		東海精機（株）を創業。宗一郎29歳
1937（昭和12）年		東海精機の社長に就任。浜松高工の聴講生となる
1945（昭和20）年		東海精機を売却し退職。「人間休業」宣言。宗一郎38歳

年	月	事項
1946(昭和21)年	10月	本田技術研究所を設立
1947(昭和22)年	11月	A型自転車用補助エンジンを生産
1948(昭和23)年	9月	本田技術研究所を本田技研工業(株)に改組、社長は本田宗一郎
1949(昭和24)年	8月	ドリーム号D型の生産を開始。竹島弘の紹介で本田と藤沢武夫が出会う
	10月	藤沢が常務取締役として本田技研に入社
1950(昭和25)年	11月	東京工場生産開始
1951(昭和26)年	10月	ドリーム号E型の生産を開始
1952(昭和27)年	6月	自転車補助エンジンカブ号F型を発売
	11月	本田が、工作機械買付けのためアメリカ、ヨーロッパ訪問

1954（昭和29）年	3月	マン島TTレース出場を宣言
1958（昭和33）年	8月	スーパーカブを発売
1959（昭和34）年	6月	マン島TTレースに初参戦（最高順位6位）
1961（昭和36）年	6月	マン島TTレースで初優勝（1位から5位までホンダのバイクが独占）
1963（昭和38）年	8月	軽トラックT360を発売
	10月	小型スポーツカーS500を発売
1964（昭和39）年	4月	藤沢が本田技研副社長に就任
1967（昭和42）年	3月	軽乗用車N360を発売
1972年	7月	シビック発売

1973（昭和48）年	10月	本田社長、藤沢副社長、同時に退任
	12月	シビック（CVCCエンジン搭載モデル）発売
1988（昭和63）年	12月	藤沢武夫、永眠
1991（平成3）年	8月	本田宗一郎、永眠

参考文献

『本田宗一郎 夢を力に』本田宗一郎著（日本経済新聞出版）
『やりたいことをやれ』本田宗一郎著（PHP 研究所）
『俺の考え』本田宗一郎著（新潮社）
『得手に帆あげて』本田宗一郎著（三笠書房）
『宗一郎と喜一郎』長谷川智著（羽衣出版）
『本田宗一郎元気のでる生き方』柚木俊太郎著（ベストセラーズ）
『本田宗一郎と藤沢武夫』小堺昭三著（学陽書房）
『松明は自分の手で』藤沢武夫著（PHP 研究所）
『経営に終わりはない』藤沢武夫著（文藝春秋）
『わが友 本田宗一郎』井深大著（ごま書房）
『自由闊達にして愉快なる』井深大著（日本経済新聞出版）
『トヨタ語録』石田退三（ワック）
『決断』豊田英二著（日本経済新聞出版）
『豊田佐吉とトヨタ源流の男たち』小栗照夫著（新葉館出版）
『私の履歴書』日本経済新聞連載

遠越段（とおごし・だん）

東京都生まれ。早稲田大学卒業後、大手電器メーカー海外事業部に勤務。１万冊を超える読書によって培われた膨大な知識をもとに、独自の研究を重ね、難解とされる古典を現代漫画をもとに読み解いていく手法を確立。偉人たちの人物論にも定評がある。

著書に『運命を拓く×心を磨く　松下幸之助』『時代を超える！スラムダンク論語』『人を動かす！安西先生の言葉』『世界の偉人×賢人の智恵 心を燃やす名言 100』（すべて総合法令出版）などがある。

※本書は、総合法令出版にて 2016 年 10 月刊『通勤大学経営コース 本田宗一郎』（遠越段 著）の内容を修正・加筆したものです。

運命を拓く×心を磨く
本田宗一郎

2024年6月24日　初版発行

著　者　遠越段
発行者　野村直克
発行所　総合法令出版株式会社
〒103-0001 東京都中央区日本橋小伝馬町15-18
EDGE小伝馬町ビル9階
電話　03-5623-5121
印刷・製本　中央精版印刷株式会社

落丁・乱丁本はお取替えいたします。

ISBN978-4-86280-950-6
総合法令出版ホームページ　http://www.horei.com/